Feliz E FORA DA CAIXINHA

BIANCA PAGLIARIN

Feliz E FORA DA CAIXINHA

ATITUDES PRÁTICAS PARA UMA VIDA ABUNDANTE

)|((Academia

Copyright © Bianca Pagliarin, 2020
Copyright © Editora Planeta do Brasil, 2020
Todos os direitos reservados.

ORGANIZAÇÃO DE CONTEÚDO: Carlos Fernandes
PREPARAÇÃO: Fernanda Guerriero Antunes
REVISÃO: Diego Franco Gonçales e Nine Editorial
DIAGRAMAÇÃO: Nine Editorial
CAPA: Departamento de criação da Editora Planeta do Brasil
IMAGEM DE CAPA: Décio Figueiredo

DADOS INTERNACIONAIS DE CATALOGAÇÃO NA PUBLICAÇÃO (CIP)
ANGÉLICA ILACQUA CRB-8/7057

Pagliarin, Bianca
 Feliz e fora da caixinha: atitudes práticas para uma vida abundante / Bianca Pagliarin. -- São Paulo: Planeta, 2020.
 224 p.

ISBN 978-65-5535-176-7

1. Autoajuda 2. Felicidade 3. Mudança de atitude 4. Espiritualidade I. Título

20-3219   CDD 158.1

Índices para catálogo sistemático:
1. autoajuda, religião, neurociência

2020 Todos os direitos desta edição reservados à
EDITORA PLANETA DO BRASIL LTDA.
Rua Bela Cintra 986, 4º andar – Consolação
São Paulo – SP CEP 01415-002
www.planetadelivros.com.br
faleconosco@editoraplaneta.com.br

SUMÁRIO

CAPÍTULO 1	PARA MUDAR, BASTA ESTAR VIVO	7
CAPÍTULO 2	A CRIANÇA QUE VOCÊ FOI IMPORTA MAIS DO QUE VOCÊ IMAGINA	20
CAPÍTULO 3	FORA DO PILOTO AUTOMÁTICO	36
CAPÍTULO 4	SEUS PENSAMENTOS CONSTROEM SUA HISTÓRIA	47
CAPÍTULO 5	SEU DESTINO COMEÇA AGORA	61
CAPÍTULO 6	PERDOAR PARA VIVER EM PLENITUDE	70
CAPÍTULO 7	PROTAGONISTAS DO PERDÃO	80
CAPÍTULO 8	VIVENDO O PRESENTE	90
CAPÍTULO 9	SIMPLESMENTE... COMECE!	99
CAPÍTULO 10	TREINE SUAS EMOÇÕES	121
CAPÍTULO 11	O PODER DO HÁBITO	139
CAPÍTULO 12	COMUNIQUE SUA VITÓRIA	153
CAPÍTULO 13	UNINDO RACIONAL, EMOCIONAL E ESPIRITUAL	168
CAPÍTULO 14	CONTE AS ESTRELAS DO CÉU	180
CAPÍTULO 15	ORAÇÃO E COMUNICAÇÃO	195
CAPÍTULO 16	CELEBRANDO A VIDA	205

CAPÍTULO 1

PARA MUDAR, BASTA ESTAR VIVO

*Escolha ser feliz! Dê o primeiro passo –
e saiba que ninguém pode fazê-lo por você.*

MUDAMOS. DEFINITIVAMENTE, ESSA MUDANÇA NÃO VEIO APEnas para uma determinada parcela da sociedade, determinado país ou povo, ou uma determinada faixa etária.

Uma pandemia mundial transformou a rotina de toda a humanidade e trouxe a todos nós questionamentos a respeito da volubilidade e da insegurança que acompanha o fato de estarmos vivos. Porém, diante desse novo mundo em que temos tantos desafios, esse processo de reestruturação e de crise pode significar também aprendizado, superação, desbloqueios e conquistas. Como seria se, diante dessa reconstrução do que encaramos como normal, você pudesse simplesmente ousar pensar fora da caixinha?

Na escola, desde pequenos, aprendemos que os seres vivos sofrem transformações profundas ao longo das diferentes etapas da vida. Um caso clássico é a metamorfose das borboletas, que, de lagartas nada atraentes, tornam-se vistosos insetos alados, após diversos e dolorosos processos de desenvolvimento. Conosco, seres humanos, o processo de desenvolvimento não é orgânico, mas emocional, mental e espiritual.

Aqueles que me conhecem e me acompanham por meio das mídias digitais, do rádio e da TV não fazem ideia de como eu era em etapas anteriores de minha existência. Aos 21 anos, idade em que a maioria dos jovens está desabrochando para a vida, eu me sentia morta em meu interior. Carregava um enorme peso na alma, expresso por um olhar vazio, distante, sofrido. Mesmo quem não sabia nada a meu respeito podia perceber que algo não ia nada bem.

E não ia mesmo. Depois da quarta internação por dependência química, após quarenta e cinco dias de isolamento, sem contato com a família ou a sociedade, eu me vi precisando acreditar desesperadamente que conseguiria sair daquela situação. Sentia-me humilhada pela vida, pela minha história, por minhas decisões equivocadas e, em especial, por ter desperdiçado tanto potencial que havia em mim antes de aquilo tudo acontecer. Eu queria retomar as minhas atividades, mas uma voz dentro de mim sempre dizia: "Você vai tentar por quê? Sabe que vai fracassar!". Na verdade, eu não acreditava ser capaz de sair daquele abismo em que me metera pelas próprias pernas. No entanto, algo diferente aconteceu. Não que eu tenha mudado do dia para a noite, porém, fiquei determinada a não ceder ao impulso e a não voltar à prisão do *crack*. Assim, quando aquela voz maldita tentava me derrubar, eu a rejeitava. Era como se dissesse: "Não, hoje não! Eu sou livre, eu posso tudo. Só não posso – ou melhor, não quero – usar".

Eu sabia bem do que estava falando. Afinal, já tinha experimentado recaídas muitas e muitas vezes e passado por outras 3 clínicas de tratamento. Na primeira, permaneci seis meses; na segunda, quatro; e a terceira internação levou sessenta dias. Um ano inteiro perdido! Na quarta internação, foram quarenta e cinco dias dias. Nesses lugares, conheci pessoas que estavam na vigésima internação, outras até mais. Havia gente que fora largada lá pela família; outros eram mantidos confinados porque, uma vez do lado de fora, só provocavam sofrimentos, transtornos e prejuízos aos parentes. Na maioria das vezes, eu me iludia pensando que, se usasse só mais uma vez, não haveria problema: *É só uma despedida. Vou conseguir me controlar depois.* Bobagem. Passados alguns dias, lá estava eu, de novo, às voltas com a obsessiva compulsão.

Hoje, acredito que o que me fez recusar toda a fissura que senti foi o medo de morrer. Mesmo após experimentar o fracasso nas outras três vezes em que fui internada à força por causa desse terrível vício, agora eu não desistiria, pois sabia que não haveria um retorno à clínica. Percebi que, se voltasse a consumir essa substância maldita, eu iria morrer. Não teria mais resgate, internação compulsória ou o privilégio de receber, ainda que uma única vez por mês, visitas de minha família. Embora sofressem com meu comportamento, eles não abriam mão de, em todas as oportunidades, participar da integração familiar e expressar amor e apoio. Tampouco teria mais aulas de 12 Passos na clínica para entender que eu havia, sim, perdido o controle sobre todas as áreas da minha vida. Foi terrível – mas, ao mesmo tempo, fui absorvida por uma epifania, como se um sentimento dentro de mim me mostrasse, com clareza, que eu não poderia desperdiçar mais aquela chance. Não, eu não poderia jogar fora a oportunidade por uma simples razão: não haveria outra. Isso me trouxe uma súbita compreensão da minha responsabilidade e obrigação em não viver mais aquela vida de autodestruição.

Desde então, passaram-se quase dezenove anos até o momento em que escrevo estas linhas. Se você me dissesse que, um dia, eu poderia ser a mulher que sou hoje, buscando lembranças dessa fase turbulenta para compartilhá-las com os leitores, eu provavelmente agradeceria suas boas intenções – porém, em meus pensamentos, não acreditaria. Aquela Bianca de 21 anos de idade jamais imaginaria que iria se tornar a Bianca dos dias atuais (algo que não passava, nem de longe, pela minha cabeça). É muito duro dizer isso, mas é verdade: minha fé era bem pequena, mas foi o suficiente para que eu acreditasse que ficaria limpa, de só por hoje em "só por hoje". Nisso se passaram anos e só por hoje eu nem lembro que o *crack* existe, a não ser quando vejo pela rua um viciado ou quando me deparo com alguma notícia terrível. No entanto, especialmente no começo, não tinha nem ideia de que viria a ser feliz. Me perguntava, sem parar, se acordaria um dia sem a fissura louca por ter uma dose da droga que tinha viciado meus circuitos neurais numa bomba mortal. Não sou a dona da verdade absoluta a respeito de tudo, mas sei do que vivi e sei de onde saí. O fato de ter hoje a paz e a liberdade de buscar romper do que me fez desbloquear minha vida e minha mentalidade tão cheia de crenças limitantes por todos os lados me faz vir aqui para declarar que a única certeza que posso dar é que se eu consegui, você também consegue.

Experimente a vida abundante

Fazendo uma digressão de minha vida naqueles piores momentos de escravidão das drogas, jamais sonhei que viria a me casar com o homem que amo e com quem tenho uma parceria que, tenho certeza, vai durar a vida toda – um cara de bom caráter e que é um excelente marido, além de pai dedicado e presente. Não pensava que me tornaria uma mãe amorosa e responsável e que, profissionalmente, iria me encontrar como comunicadora e palestrante, despertando nos outros a vontade de se empenhar por sonhos adormecidos. Da mesma forma, não imaginava que, um dia, iria exercer, com responsabilidade e amor, a posição de mentora de vidas, propagando a importância da inteligência emocional, financeira, espiritual e conjugal. Ou que ouviria relatos sobre superação não só de vícios químicos como emocionais e, até mesmo, da vontade de morrer, após uma ministração minha ou um pouco do meu testemunho. A verdade mesmo é que, naquela época, tudo o que eu queria era conseguir viver um dia de cada vez e sair daquele inferno que era depender de uma pedra sintética para me sentir viva. Eu não desejava mais ser um farrapo no fundo do poço – só isso.

> O coração alegre torna contente a face, mas pelo pesar do coração o espírito se parte.
> Provérbios 15:13

É... Que coisa linda de se imaginar – mas tão desafiadora de experimentar verdadeiramente – essa tal de vida abundante! O que é vida abundante para você? Para mim, é uma existência completa, plena, transbordante de amor, paz, alegria, felicidade e harmonia. Vida abundante é viver em um lar onde há risadas, carinho, abraços, perdão e relacionamentos à base de olho no olho, além de recursos financeiros não apenas para crescer, mas também para contribuir com um mundo melhor. Vida abundante é viver dias comuns, porém, repletos de contemplação do extraordinário, seja na forma de um belo pôr do sol ou da deliciosa gargalhada de um bebê. Você vive essa realidade no seu caminhar? Experimenta essa abundância com frequência, ou é algo que raramente acontece? O período de distanciamento social e a experiência de estar em quarentena, caso a tenha vivido, passou a significar um melhor convívio familiar, mais sintonia e conexão? Ou resultou em ainda mais brigas, mágoas e solidão?

É intrigante o quanto esse conceito de plenitude incomoda alguns. Ainda me causa certa estranheza notar o choque no olhar daqueles que conhecem a Jesus e ouvem de mim –numa ministração, na rádio ou até mesmo numa conversa informal – que fomos criados para viver em prosperidade, paz, harmonia, abundância e felicidade plena. E você, como enxerga essa questão de vida abundante?

Os evangelistas Mateus, Marcos e Lucas, em seus livros do Novo Testamento, registram o que Cristo falou sobre o assunto. Segundo o Mestre, a decisão de seguir Seus passos proporciona uma vida abundante. Todavia – e é nisso que acredito, por experiência própria, a ponto de viver e defender neste livro –, esse nível de existência não vem sem que se carregue uma cruz. Essa foi a metáfora utilizada pelo Filho de Deus para deixar claro que, por vezes, será preciso levar conosco um peso grande de esforço a fim de empreender as mudanças necessárias, como nos desafiar e sair da zona de conforto; caso contrário, permaneceremos presos e não seremos capazes de largar aquilo com que já nos acostumamos a fim de viver os propósitos do Senhor. Trata-se da cruz de saber que é preciso abrir

> O meu Deus me estendeu sua mão e me ajudou, dia após dia, a enxergar que eu tinha motivos para viver.

mão de horas de sono, ócio ou distrações virtuais para enfrentar a procrastinação que tanto nos aprisiona. É a cruz de abrir mão da posição de vítima e assumir a nossa responsabilidade pela vida que estamos levando, deixando de culpar os pais, os chefes, o cônjuge, os líderes religiosos ou seja lá quem for que, equivocadamente, identificamos como a origem dos males que nos afligem.

Existe algo que você precisa saber sobre todos esses males que adiam de nós mesmos a responsabilidade de assumir o comando da própria vida: a procrastinação é um hábito que aciona os mesmos circuitos neurais envolvidos no uso de drogas, no prazer da comida que faz a boca até salivar e pode se tornar gula, bem como o prazer sexual – algo que pode ser bênção, mas que também pode se tornar um vício que aprisiona. Qual o foco de sua falta de foco? O que você está adiando ou culpando a terceiros em sua vida?

Quando você entende que não adianta querer mudar a ninguém, e sim que, aos outros, você apenas vai poder amar, é como se você também aceitasse a sua cruz. A cruz de usar a primeira pessoa na formulação das frases que expressam nossa situação – não são "eles" que fizeram isso ou aquilo conosco, mas nós que fizemos nossas escolhas (ou que escolhemos não fazer nada). Paulo, o grande apóstolo e autor de boa parte do Novo Testamento, assumiu a responsabilidade pelos próprios erros quando escreveu aos crentes de Roma: "Porque o bem que eu quero fazer, não faço, mas o mal que não quero fazer, esse eu faço" (Romanos 7:19). Somente alguém com muito autoconhecimento e, sobretudo, honestidade fala dessa maneira, com tamanha maturidade. O apóstolo mostra que só podemos mudar a nós mesmos sendo os únicos responsáveis pela vida que levamos e pelas escolhas que fazemos. Existe em sua vida alguma área em que os resultados não estão te agradando? Então, nessa questão, qual a decisão você escolherá? É claro que você já deve ter entendido: esta é a tua hora de buscar a sua própria mudança, já!

No lar em que nasci e cresci, meus pais me ensinaram, com amor e temor, o quanto é importante amar a Deus sobre todas as coisas e ao próximo como a mim mesma. Apesar disso, passei por muitos momentos difíceis, que começaram quando eu ainda era bem pequenina. Instalaram-se uma série de pensamentos e crenças limitantes que me impediram de me amar e me fizeram buscar aprovação das pessoas a fim de suprir uma carência interior; uma espécie de vazio profundo que deixava tudo à minha volta e dentro de mim sem vida. Embora estivesse apenas no início da vida, eu já nutria uma rejeição por mim mesma, tanto em relação à aparência como por quem eu era ou o que pensava ser por dentro (minha mente, meus pensamentos e sentimentos). Não conseguia enxergar algo bom em mim mesma – era como se não houvesse um propósito de eu ter vindo ao mundo. Na minha visão, eu não me sentia bem-vinda ou amada. A certa altura, passei a nutrir a certeza de que ninguém gostava, de verdade, de mim – nem mesmo Deus. Eu não me aceitava porque acreditava que seria rejeitada por qualquer um; por isso, maltratava a mim mesma antes mesmo de que qualquer pessoa o fizesse. Você já sentiu algo parecido? Seu processo de autoaceitação foi tranquilo ou turbulento e ainda gera um certo sofrimento?

Tudo isso começou na infância, por meio de setas de rejeição que surgiram de críticas à minha aparência. Há alguns anos, em meu processo de cura dessas feridas da alma, precisei abraçar minha criança interior, protegendo-a e amando-a. Eu dizia a essa minha Bianca infantil que vive em meu coração que ela tem muito valor (aliás, sempre teve) e que Deus a havia escolhido para fazer diferença neste mundo, agindo como sal e luz, em alinhamento com os princípios que fizeram parte de sua formação. Ou seja: reforçando que há propósito para ela – nada menos que uma linda missão. No entanto, essa fase da infância foi a raiz de muita tristeza, depressão, ressentimento, culpa e vergonha, acompanhando-me por muitos e muitos anos. O crescimento desses sentimentos tóxicos me levou a muitas perdas. Acontece que tudo mudou quando, finalmente, compreendi que havia algo que eu jamais perderia: o Pai Celestial e Eterno, que já tinha me aceitado e amado do jeitinho que eu era e pagado o preço pela minha libertação! O meu Deus me estendeu Sua mão e me ajudou, dia após dia, a enxergar que eu tinha motivos para viver. Como seria para o seu eu adulto poder encontrar com a sua versão criança e dizer a ela o quanto ela é importante nessa Terra? Se você encontrasse a criança que você um dia foi, hoje, o que diria a ela?

Você já mudou muito, sabia?

Devo reconhecer que o processo de reabilitação teve seus percalços. Recomecei, até sem muita esperança, em diversas situações. Praticamente, eu não tinha nem sonhos para o futuro, mas não enxergava uma alternativa ou opção. Decidi me recuperar e entendi o quanto precisava me apegar a Deus. Quando passava pela minha mente aquele pensamento obsessivo que, em outros momentos, teria sido suficiente para me fazer recair, eu pedia a Ele forças para resistir e superar. Foi dessa maneira que descobri que somente no Criador encontro a plenitude e a força que buscava nas amizades que tinha, nos lugares que frequentava, nas drogas que consumia ou na aprovação alheia, pela qual ansiava. Nessa jornada de autoconhecimento e de ligação com o Poderoso Pai Eterno, a Fonte de toda a satisfação de dentro para fora, eu estudei muito, chorei mais ainda e me decepcionei diversas vezes. Entretanto, tudo que vivi e aprendi colaborou para forjar meu caráter, e hoje eu posso

> O que, na verdade, prende você ao passado ou a esse presente dentro de uma caixinha?

dizer: vivo para desempenhar, com amor, alegria e gratidão, uma linda e importante missão, primeiro, como mãe, esposa, filha, irmã e amiga; mas também como palestrante, pastora, comunicóloga, mentora, escritora e influenciadora – legitimada por experiências pessoais e dotada da autoridade espiritual de quem viveu a transformação e o verdadeiro empoderamento que vêm dos céus. Ou seja: quando você se coloca de pé, pode firmar seu pé e sua postura, fortalecer seus músculos e, então, estender as mãos e puxar energicamente aqueles que ainda estão prostrados, às vezes sem nem perceber o estado de apatia e prostração que lhes cega e paralisa. Como seria para você viver com um significado tão profundo e, do seu próprio jeito, levar adiante a mensagem de Deus?

Minha maior alegria é usar tudo que aprendi em minhas dores para ajudar pessoas, portanto, espero que você, que lê este livro e sente o desejo sincero de melhorar, enxergue o quanto é importante sua própria história! Ela é única, assim como exclusivo é o propósito que Deus quer dar para tudo isso. Que este material faça parte do seu processo de retomada do controle da própria vida – ao menos, em relação àquilo que lhe compete fazer. Ao mesmo tempo, que sirva para impulsionar você na direção da permanente decisão de realizar seus sonhos, na certeza de que foi para isso que veio a este mundo.

Pare para pensar sobre o conceito e a inevitabilidade da mudança em sua vida. Perceba quantas mudanças já experimentou até agora. Você mudou muito, e não apenas na aparência, que foi ganhando expressões, traços e, quem sabe, cabelos brancos. Ora, como se diz (e é verdade!): para mudar, basta estar vivo. Enquanto viver, tudo à sua volta vai mudar, e você também. Então, por que não aproveitar oportunidades de viver melhor consigo mesmo e com as pessoas, direcionar com planejamento as mudanças de forma consciente, assumindo o protagonismo de sua existência e a responsabilidade dos resultados de tudo o que plantar? O que, na verdade, prende você ao passado ou a esse presente dentro de uma caixinha, sem espaço nem luz, sem perspectiva e apenas repetindo, dia após dia, sua velha maneira de pensar, sentir e agir? Por que insistir em viver desse modo, que não o leva à realização plena e a experiências extraordinárias? Afinal, o que impede você de assumir o controle de sua vida e das suas decisões? Se eu consegui, e se tantos outros têm conseguido, o que o faz imaginar que não conseguirá? Escolha ser feliz! Dê o primeiro passo – e saiba que ninguém pode fazê-lo por você.

Estudos têm comprovado que, quando você escreve, áreas específicas do seu cérebro são acionadas e estimuladas, trazendo o que foi lido e aprendido para um nível de maior profundidade. De acordo com especialistas em memorização, o melhor jeito de escrever para lembrar é usar a escrita à mão, pois por meio dela o nosso sistema cognitivo recebe um estímulo que melhora a assimilação das informações, conseguindo estabelecer destaque para algumas palavras, além de ajudar a manter a concentração e o foco.[*] É por isso que, durante todo este livro, você será estimulado a escrever sobre a própria percepção dos temas abordados, consciente de que sua história é única e pessoal – sim, nunca ninguém viveu nem nunca viverá exatamente o que você experimentou. Honre a si mesmo com esse cuidado, pois suas vivências merecem essa consideração. Caso não tenha o hábito de escrever à mão, você ficará surpreso pelo efeito que trazer à superfície do papel suas experiências, desejos, conclusões, decisões e opiniões terá sobre sua mente.

---

[*] ISTO É. Os benefícios de escrever à mão. Disponível em: <https://istoe.com.br/106164_OS+BENEFICIOS+DE+ESCREVER+A+MAO/>. Acesso em: 17 jul. 2020.

DA TEORIA À PRÁTICA

Para começar, permita-se pensar sobre os sonhos de sua infância. O que você sonhava ser quando crescesse? Que tipo de trabalho você dizia que faria quando fosse um adulto?

....
....
....
....
....

Reflita sobre qual é a missão daquela profissão que você, um dia, sonhou seguir. Por exemplo, se sonhava ser policial, talvez perceba que o que mais desejava era poder proteger as pessoas, proporcionando-lhes segurança. Se desejava ser médico, é bem possível que sua motivação interna tinha a algo ligado a cuidar dos outros e abrandar seu sofrimento. Caso tenha querido ser bombeiro, o desejo implícito devia ser o de resgatar vidas. Agora, escreva o tipo de atividade e pelo menos 3 qualidades que despertavam na sua criança o desejo de fazer o que esse tipo de profissional faz:

....
....
....
....
....
....

Pense em sua vida hoje. Independentemente do rumo profissional que seguiu, seu modo de viver reflete, de alguma forma, os valores que estavam inseridos naquele sonho de criança?

....
....
....
....
....

INSPIRAÇÃO NA TELA

O filme *Duas vidas* traz uma história emocionante, com Bruce Willis no papel principal, um rico e bem-sucedido consultor de imagem. Embora conviva com muita gente, ele percebe, a certa altura da vida, que não tem amigos e não se relaciona bem nem com a própria família. Além disso, seus recursos financeiros não lhe proporcionam momentos de satisfação; ele não se diverte, é frio, racional e fechado. Só que sua trajetória começa a mudar ao se encontrar com seu "eu criança", que viajou no tempo. Tem início, então, uma jornada de autoconhecimento, na qual o protagonista supera seus traumas e medos e aprende a liberar o perdão a si mesmo e ao seu pai. O filme mostra alguém que começa a dar novos significados à sua existência, aceitando sua jornada e tornando-se um novo homem disposto a realizar seus sonhos de criança.

QR CODE

Acesse o QR Code a seguir e acompanhe essa dinâmica especial sobre o tema, um conteúdo exclusivo preparado com muito carinho para trazer à tona a pureza e a força interior de ousar sonhar.

ESCANEIE-ME

CAPÍTULO 2

A CRIANÇA QUE VOCÊ FOI
IMPORTA MAIS DO QUE VOCÊ IMAGINA

*O sentimento de rejeição
deixa marcas no corpo e na alma.*

RESPIRE FUNDO E PROCURE LEMBRAR-SE DE QUANDO VOCÊ ERA criança. Os primeiros anos de sua vida e de sua consciência como pessoa deixaram, provavelmente, muitas lembranças. Algumas nos fazem perceber a brilhante inocência dessa fase da vida, já outras podem ainda remeter a dor, ressentimento, abandono, rejeição.

A pergunta que faço a você agora diz respeito a essa época, então, traga-a à sua mente, com sinceridade, porque essa clareza é importantíssima para seu processo de desenvolvimento pessoal. Busque identificar: quais foram as razões pelas quais você foi criticado em sua infância? Como lidou com essas opiniões a seu respeito? Você não precisa justificar, apenas olhar para a sua verdade. Afinal, enxergar que não se sentia amada ao receber broncas ou críticas faz sentido e é compreensível: você era uma criança, não tinha a complexidade de compreensão das coisas que tem hoje.

Percebo que, talvez, o início de uma série de complicações emocionais que fizeram parte de minha vida foi quando passei a prestar mais atenção ao que o espelho me mostrava. Mesmo tão amada por meus pais, tive uma relação problemática comigo mesma e caí na triste realidade da baixa autoestima desde que me conheço por gente. O problema não era o espelho em si, nem mesmo a imagem refletida, na verdade, mas o que eu dizia a mim mesma sobre o significado de ser daquele jeito que o espelho me mostrava. Quando me olhava, levava em consideração demais os comentários a respeito de minha aparência – coisas ditas por estranhos, conhecidos e familiares, na maior parte das vezes sem intenções ruins.

Foi por volta dos 6 anos de idade que eu entendi que não me encaixava nos padrões estéticos tidos como adequados. Que dificuldade era encontrar roupas de criança e conseguir me vestir como outras meninas da minha idade! Era com certa frequência que, mesmo tão pequena, eu usava roupas da minha mãe – isso, antes de completar 10 anos.

> Era exatamente assim que eu me sentia: rejeitada o tempo todo.

No verão, as coisas ficavam ainda piores. Eu detestava sair de casa, pois sentia os olhares atravessados de adultos e de outras crianças, especialmente na praia. Não era uma questão de autoimagem distorcida: minha aparência, realmente, era muito diferente das meninas consideradas bonitas da minha idade. Eu também não me parecia em nada com as bonecas com que brincava, todas esbeltas e com aquelas cinturinhas de vespa. Com o tempo, comecei a me enclausurar dentro de mim mesma. Eu não percebia, mas nessa época cresceu e ramificou-se em minha mente a raiz da rejeição – termo cujo significado eu somente viria a conhecer e entender após me tornar mastercoach, período durante o qual tive, como uma das tarefas, que ler um livro sobre esse assunto e ganhei a obra de presente de minha treinadora e amiga, Bispa Letícia

Ferreira. O livro foi *A raiz da rejeição*,* da best-seller Joyce Meyer, escritora americana com mais de 100 títulos publicados no campo da cura da alma, das feridas emocionais e dos traumas de infância.

O livro parecia ser uma narrativa do que eu experimentara em tantos momentos da minha vida. Especificamente na infância, era assim que eu me sentia: rejeitada o tempo todo, mesmo se não houvesse ninguém me rejeitando. E quando, efetivamente, eu passava pelas ridicularizações impostas por outras crianças por ser mais cheinha, os sentimentos de não pertencimento e de inferioridade me tomavam de uma forma muito cruel. Eu não chorava na frente de ninguém, mas passava o intervalo todo trancada no banheiro, chorando ou simplesmente olhando para baixo. Naqueles anos 1980, esse comportamento cruel ainda não era conhecido pelo nome que, hoje, é tão popularizado: bullying. No entanto, era isso que eu sofria.

O fato de saber que uma das mulheres mais lindas do mundo, a musa Gisele Bündchen, declarou em sua biografia ter sido vítima de bullying me encoraja a perguntar: e você? Por quais apelidos era rotulado em sua infância? De que forma esses apelidos faziam você se sentir? Você se lembra de ter chorado? Acreditou que não era aceito nem amado?

Faço questão de compartilhar minhas vivências, porque sei que muitas pessoas viveram o que vivi, cada qual em sua realidade. Na escola, os apelidos iam desde os conhecidos "baleia" e "mamute" aos menos comuns, mas não menos ofensivos, como "saco de areia", entre outros. Havia, ainda, os perversos desenhos que eram deixados sobre minha carteira. Quando eu me sentava, podia ouvir as risadinhas e sentia que estava sendo observada. É que os colegas, sobretudo os autores daquela *arte*, queriam conferir minha expressão ao olhar a tosca

---

* MEYER, Joyce. *A raiz da rejeição*: escapando da rejeição e experimentado a liberdade da aceitação de Deus. Trad. Célia Regina Chazans Clavello. Belo Horizonte: Ministério Joyce Meyer, 2006.

figura de uma bola com uma cabeça rabiscada em cima (sim, essa era uma representação de minha pessoa). Nessas horas, eu sentia um aperto horrível no coração.

Na festas entre parentes e vizinhos, com pessoas mais próximas, não havia esses desenhos, todavia, eu também era alvo de chacotas ou, pior ainda, de "elogios" que só me punham ainda mais para baixo – como o detestável "você é muito bonita de rosto" –, além de comentários reprovando a minha voracidade à mesa. Quanto mais me sentia rejeitada e criticada, mais eu precisava esconder essas emoções. Àquela altura da vida, eu não sabia outra maneira de lidar com o desconforto. Ao mesmo tempo, pensava em mim mesma como alguém incapaz. Diante de tantos debates, via-me de modo repulsivo, sem qualquer força de vontade para segurar o apetite. O fato de me enxergar com a imagem que os outros tinham de mim fazia que eu me rejeitasse e desprezasse a mim mesma. Afinal, todo mundo dizia a mesma coisa; então, devia ser verdade. Hoje, entendo que não era bem essa tragédia para os outros – mas, para mim, que vivia tudo isso, era motivo de muita infelicidade. Como adulta, acredito que, a despeito daqueles rótulos que me atribuíam, no fundo ninguém tinha a intenção de me machucar. Qualquer um diria que aquilo tudo era "normal".

Livre-se desse negócio tóxico

Você passou por algo assim? Talvez, em suas lembranças carregadas de emoções negativas, ainda não tenha se dado conta de que o que fizeram com você não foi intencional no sentido de causar feridas tão sérias. Entretanto, volto a dizer da importância de se ter clareza, porque é sabendo quais convicções limitantes se instalaram nessa fase que será possível então desbloquear sua identidade e transformar sua visão de futuro. Quais as expressões negativas que você ouviu e que marcas elas deixaram? Quais palavras que você ouviu de quem era autoridade em sua vida que marcaram suas crenças a seu próprio respeito?

Quem sabe, você tenha se convencido de que o tempo já se encarregou de lhe trazer a cura. Só que eu tenho algo a lhe dizer: não se engane. A menos que tenha tratado essa ferida por meio de um olhar honesto e atento e feito um exame minucioso para entender o que lhe causou aquele mal, liberando perdão de maneira integral, todo esse negócio tóxico está aí dentro— e, muito provavelmente, prejudicando e sabotando sua felicidade.

Para arrancar isso, você precisa do medicamento certo. Não dá para anular veneno de cobra com pomada para picada de abelha. Caso contrário, essas lembranças continuarão ativas e presentes, intoxicando a sua alma. É como uma doença crônica, que pode ficar incubada por anos e que, nos momentos mais delicados e emocionalmente instáveis de sua vida, volta a lhe atormentar. Uma espécie de enfermidade autoimune, que se manifesta pela autossabotagem e encontra as condições adequadas porque você não aprendeu a lidar com as coisas boas, com amor, alegria, aceitação. Ao contrário, você se resignou em ser uma pessoa rejeitada, desprezada e infeliz. Por mais que pareça (e é!) um absurdo, você se acostumou com esse mal. Essa matriz de melancolia e desamparo faz a sua mente se posicionar como adversária de você mesmo: é a raiz da rejeição.

> Quais as consequências de sentimentos mal resolvidos do passado em seu presente?

A best-seller e mentora espiritual Joyce Meyer afirma que ninguém pode fugir da rejeição.[*] Provavelmente, esse sentimento tóxico tem afetado sua maneira de viver, seu jeito de

---

[*] Ibidem.

ser, seus pensamentos e relacionamentos. Para que você possa identificar melhor onde tudo começou, procure respirar fundo e olhar para a própria infância, mais especificamente aquela fase que vai desde suas primeiras consciências até cerca dos 12 anos de idade. Por mais que seus pais tenham se empenhado em lhe oferecer o que tinham de melhor em seus corações, a mente da criança não tem filtros para experiências negativas e traumáticas. Já aconteceu de você visitar, na vida adulta, um lugar que fez parte de suas memórias de criança? Geralmente, a gente tem a impressão de que tudo é muito menor do que naquelas imagens guardadas na memória por tantos anos.

Isso acontece porque, na infância, tudo parece grande em nossa perspectiva – e não apenas no mundo de fora, mas também em nosso pequeno universo interior. Você talvez tenha crescido em um ambiente familiar conturbado, presenciando brigas constantes entre seus pais ou responsáveis. Há, também, quem tenha sofrido pela falta de afeto ou pela infidelidade matrimonial entre os pais. Outros sofreram abusos físicos, emocionais e até mesmo sexuais. Por outro lado, alguns tiveram uma figura parental extremamente crítica e exigente, ou foram criados por pessoas duras, sem paciência ou incompreensivas. O sentimento de rejeição pode derivar até da vida intrauterina. Já é sabido e comprovado cientificamente que o feto sente as emoções que a mãe lhe comunica, conforme estudo realizado na Universidade de Kontanz, na Alemanha, e publicado, em 2011, na revista especializada *Translational Psychiatry*. Tudo isso faz a amargura se enraizar em nossos corações.

Como seria se você conseguisse encontrar maneiras de dar sentido a cada lágrima que derramou na infância, adolescência, juventude... Até o dia de ontem, talvez?

Logo na segunda semana da notícia da pandemia mundial do ano de 2020 virar o que virou no Brasil, a palavra de ordem que a gente mais via tornou famosa a hashtag #FiqueEmCasa. Numa sessão com minha querida coach Ana Claudia Piti, fui intimada a desafiar-me e iniciar um sonho que eu só pretendia para depois de este livro ser lançado: encontros virtuais gratuitos, no formato de lives. O isolamento e distanciamento social aceleraram a existência desse projeto no digital. Passei a realizar de duas a três lives semanais, cada uma com cerca de duas horas cada, algo que é semelhante, em tempo e dedicação, a uma sessão de coaching individual. Dividi as lives entre estar presente no canal do Ministério Mulheres de Paz e Vida – no qual atuo como uma das responsáveis – e também em minhas redes sociais, em que aproveito e compartilho os meus aprendizados pessoais de forma mais específica e sem medo de gerar desconforto em quem assiste... Faço questão de trazer temas fortes, atuais e que fazem sentido de maneira prática, mas o que mais sinto como chamado espiritual nesta Terra, depois de tudo o que vivi, é poder fazer quem me assiste pensar fora da caixinha. Também compartilho meditações cristãs, exercícios de atenção plena e mindfulness, autoconhecimento, bem como de afirmações e visualizações proféticas, técnicas que você vai conhecer mais adiante. Toda live termina com um momento de visualização dos resultados esperados a partir das decisões tomadas e, nessa hora, contemplamos os três tipos de inteligência que, ao serem somados, fazem toda a diferença: espiritual (1); lógica (2); e socioemocional (3).

1. Inteligência espiritual: revelo, abrindo a Palavra de Deus, que a oportunidade espiritual transformadora que acelera a conquista da vida abundante que vamos fazer é baseada em conceitos bíblicos (assim a fé do internauta vem com força total, já que ele não fica com um pé atrás, achando que se soltar iria desagradar ao Senhor, estar em pecado, coisas desse tipo que o travariam). Fomos criados à imagem

e semelhança do Deus Criador. Essa semelhança não é pela aparência, como tantos imaginam, mas pela nossa essência! É a semelhança pelo poder de também criar, ou seja, somos cocriadores de nossa vida e realidade! Cada parábola de Jesus tinha por objetivo exatamente isto: levar o ouvinte a vivenciar, em sua mente, cada detalhe das histórias narradas, trazer à superfície esse poder de cocriador dado a nós pelo próprio Criador de todas as coisas.

2. Inteligência lógica: converso sobre conceitos científicos que serão usados e de que jeito a ciência tem comprovado o que estamos prestes a fazer, o que deixa os mais, vamos dizer, "pé no chão", à vontade para "deixar rolar".

3. Inteligência socioemocional: por meio dos sentimentos que surgem com a visão elaborada mentalmente, e num diálogo com seu próprio eu, às vezes, uma conversa com o eu do futuro, outras, com o eu do passado... Em outras, com aquele que feriu e que fez parte dos momentos traumatizantes e sofridos, e sempre de modo a ressignificar emoções negativas com os sentidos todos envolvidos, com compaixão, autocompaixão e perdão. Pude notar o impacto que a rejeição causa em cada um, de modo específico, mas sempre gerando crenças limitantes de que não se é alguém relevante, de que não se tem capacidade e de que o valor é inexistente. Me emociono ao me lembrar de algumas pessoas que moram longe de mim, por exemplo, o Marcelo da Paraíba, a Suellen de Manaus, a Elisangela de São Paulo, e que são generosas ao compartilhar, publicamente e também de modo "privado" o quanto foram transformadas pelo olhar fora da caixinha. Dizem serem pessoas gratas pelo trabalho que eu faço, mas eu garanto que a mais beneficiada sou eu, porque esse é o olhar que dá significado ao meu sofrimento passado, e traz superação e sentido à minha dor.

É a ressignificação de tudo o que vivi, com muita gratidão. É onde tenho visto que não temos essa capacidade, o poder de criação. As crenças podem surgir na fase adulta, mas a maior parte delas vem da infância, fase em que não existem filtros, e tudo o que as pessoas próximas dizem, de bom e de ruim, "deve ser verdade".

O fato é que há uma malignidade trabalhando de forma incansável para roubar o plano do Senhor para nossa vida – e a rejeição é uma maneira extremamente eficaz pela qual isso acontece desde os tempos de Adão e Eva. Inclusive, foi assim que o maligno convenceu os primeiros seres humanos de que Deus não os amava tanto assim. Afinal, sugeriu a serpente, o Criador os privara de experimentar os prazeres que o fruto proibido poderia lhes trazer. O inimigo trabalha com a rejeição porque é do que ele mesmo é feito. Conforme as Escrituras, sua maldade e arrogância o fizeram rejeitar a verdade, a vida e a honra que Deus lhe concedera. A certa altura, movido pela arrogância, aquele que viria a se tornar o Diabo começou a considerar que aquilo tudo não era suficiente. A rejeição o intoxicou e destruiu sua identidade como anjo de luz. E ele não apenas brilhava, mas era belo e inteligente, além de líder entre todas as criaturas celestes abaixo de Deus, conforme a descrição do profeta Isaías:

> *Como caíste do céu, Ó Lúcifer, filho da manhã! Tu, que foste derrubado ao chão, que enfraquece as nações! Porque tu tens dito em teu coração: Eu ascenderei em direção ao céu. Eu exaltarei meu trono acima das estrelas de Deus. Eu também sentarei sobre o monte da congregação, nos lados do norte.*

> *Eu ascenderei acima das alturas das nuvens.*
> *Eu serei semelhante ao Altíssimo.*
> *Contudo, tu serás derrubado ao inferno,*
> *para os lados do abismo.*
> *Aqueles que te veem te observarão e considerarão a*
> *teu respeito, dizendo: É este o homem que fez a terra*
> *tremer, que sacudiu reinos?*
> *Que tornou o mundo como um deserto e destruiu as*
> *suas cidades, que não abriu o cárcere*
> *de seus prisioneiros?*
> Isaías 14:12-17

Satanás, assim como você e eu, teve seu livre-arbítrio e escolheu a soberba, a inveja e a vaidade, desejando ser maior que o próprio Criador. Jesus, porém, derrotou as trevas e pagou o preço pelo nosso resgate, morrendo na cruz por cada um de nós. Em sua ressurreição, Ele tomou a chave da morte e do inferno (Apocalipse 1:18), impondo derrota definitiva ao adversário. É por isso que o mal não se conforma e busca, com todas as suas forças, trazer esse mesmo sentimento de rejeição para nós, a fim de que nos tornemos, como ele, seres sem esperança e afastados da luz.

> *Da próxima vez que você se questionar sobre sua*
> *própria dignidade, lembre-se de que Deus tem seu*
> *retrato tatuado nas palmas das mãos Dele.*
> Joyce Meyer

Quantas vezes você tem dito (seja para alguém, seja para você mesmo, e talvez sem nem verbalizar, mas em seu coração) palavras de não reconhecimento do valor que há em sua existência? Quantas vezes aquelas expressões e ofensas que ouviu na infância oprimem você em sua vida adulta?

Não se iluda: os seres humanos, tão preciosos e amados, têm a capacidade de, mediante o livre-arbítrio, tornarem-se um com o Pai. Por isso mesmo, somos alvos do anjo caído, que trabalha contra nós com ferramentas como a mentira e a rejeição. O objetivo claro é fazer o ressentimento e o sofrimento nos sufocarem e nos alienarem a tal ponto que não tenhamos condições de pregar e viver o Evangelho.

Não se permita ficar paralisado nesse lugar de prisão por conta de rejeições vividas, sejam elas reais ou imaginárias! Resista! Recuse render-se ao rancor e ao sofrimento e repudie o sentimento de rejeição que atormenta você por dentro.

A criança se torna um alvo fácil e acaba não sabendo que há uma estratégia maligna de estabelecer, nessa primeira e tão importante fase da vida, crenças negativas de falta de identidade (como "eu não sou ninguém"), incapacidade ("não sei fazer nada direito") e desvalorização ("não tenho importância").

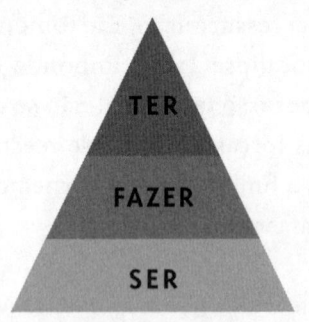

TER

FAZER

SER

Essa é a pirâmide das crenças que determinam seu padrão de pensamentos e comportamentos.* O que você pensa ser, fazer e ter, influencia sua visão de até onde pode ir.

---

* Se você prestar atenção, aqui, há uma diferença quanto ao termo utilizado em geral, e existe uma razão para tanto. É provável que já tenha ouvido falar que nossas crenças são de identidade, capacidade e merecimento. Na verdade, porém, acredito no que a Palavra de Deus diz: não merecemos nada. Essa é a verdade a respeito de nossa condição humana – são tantos erros e falhas, tantas mentiras e enganos, tanta corrupção... E quantas vezes fizemos exatamente o contrário do que era para ter feito? Não há merecimento no ser humano. Entretanto, a graça do Senhor Jesus foi derramada sobre nós, e isso nos justifica, dando-nos valor. Esta é a crença a ser trabalhada: a de que há importância em nós porque fomos comprados por um preço muito alto, o sangue de Jesus.

Valorize a gratidão

Talvez você tenha percebido que muito do que pensa de negativo e de positivo sobre si mesmo tem a ver com sua infância. Porém, seja o que for que você tenha absorvido, compreenda que hoje, como adulto, você é responsável por nutrir ou não essas crenças pessoais.

O seu estado atual tem tudo a ver com o olhar sincero que você está tendo a coragem de ter hoje. Então, se questione: você se sentia, na infância, inútil e incapaz? Sentia o amor dos adultos à sua volta, independentemente de serem seus pais? Atenção, a pergunta não é se você *era* amado, e sim se se *sentia* amado, acolhido, valorizado e com a certeza de que contaria com apoio incondicional em qualquer circunstância. Seus pais ou responsáveis estavam prontos a lhe ouvir, acolher e aconselhar, ou eram pessoas que precisavam trabalhar demais ou se ocupavam com tantas coisas que nem tinham tempo para olhar nos seus olhos, perguntar como foi seu dia ou demonstrar interesse por seus estudos e outras necessidades? Eles sabiam quais eram seus medos, suas angústias, suas preocupações ou sonhos?

Os filhos devem honrar os pais e isso é fundamental, porque, segundo a Palavra de Deus, é premissa da bênção da longevidade. As maiores referências de caráter, comprometimento, simplicidade e bondade que já conheci são meus pais, que, além de me presentearem a vida, também me deram a chance de sobreviver às drogas, pois não desistiram de mim. Eles me ensinaram sobre Jesus e me criaram dentro da igreja, ouvindo a Palavra do Senhor. Aprendi com eles a ter bondade e empatia, a perdoar, amar e não julgar as pessoas, deixando o que está no passado permanecer morto e enterrado.

A gratidão, portanto, é um sentimento que valorizo muito. É preciso entender que toda crença limitante, na maior

> E se tudo tivesse sentido e você ainda ganhasse um lindo propósito de vida?

parte das vezes, não foi gerada intencionalmente. Salvo situações extremas, em que existe a deliberada intenção de abuso, o normal é que os pais protejam os filhos e façam o melhor por eles. A conscientização sobre de onde vieram as crenças limitantes nos faz conhecer a verdade, e esta traz libertação. Assim, temos a chance de trazer à luz o que era oculto, podendo identificar onde exatamente colocar o remédio para sarar aquela dor.

Uma palavra para quem teve experiências abusivas e traumas violentos na infância: haverá 2 capítulos dedicados especialmente para tratar do perdão. O ato de perdoar é poderoso, mesmo que o ofensor não peça para ser perdoado, pois será fundamental para transformar seu presente e seu futuro, revelando ainda um propósito que você vai entender quando estiver naquele lugar dentro de si mesmo: aquele que é livre dos antigos sentimentos que tanto lhe causaram prejuízos.

Deus tem propósitos para cada um de nós. Temos a oportunidade de usar o conhecimento e a Palavra do Senhor para entender que o mal tem se aproveitado por tempo demais da ingenuidade e da falta de filtro e discernimento das crianças a fim de plantar a rejeição que, ao germinar, a tantos destrói na vida adulta.

Somos, sim, privilegiados! Vamos, então, evitar esses erros. A partir de um determinado momento, todas as gerações de pais, especialmente os cristãos, não poderão dizer que desconheciam maneiras mais adequadas de criar seus filhos, ou que não tinham acesso a elas. Eu pertenço a essa geração e devo admitir que, por isso mesmo, pessoas como eu não têm desculpas para errar. Você tem consciência disso? Está disposto a agir com responsabilidade para quebrar maldições que têm sido passadas de geração em geração em sua família?

DA TEORIA À PRÁTICA

Analise as frases a seguir e identifique quais delas você ouviu na sua infância. Talvez, não as tenha ouvido exatamente com as mesmas palavras, mas o sentido era semelhante. Reconheça, também, se existem escondidos padrões de pensamento que resumem a maneira pela qual você filtra suas experiências até os dias atuais. Note: todas elas trazem um prejuízo sobre a noção de quem é a criança (crença de identidade), do que ela consegue fazer (crença de capacidade) e do quanto ela é digna e valiosa (crença de valor).*

- Eu não tenho tempo para você!

- Você é uma criança e não sabe de nada!

- O meu amor tem limites!

- Não me interessa!

- Sou mais importante que você!

- Eu não entendo seus sentimentos!

- Eu não pedi sua opinião!

- Não te aguento mais!

- Era tão bom antes de ser pai/mãe...

- Antes de você nascer, eu era feliz e não sabia!

- Quem você pensa que é?

---
* Lembrando que, conforme explicado mais acima, na nossa pirâmide, utilizamos "valor" em vez de "merecimento".

- Ser mãe/pai é muito cansativo!

- Quando você nasceu, eu parei de estudar/trabalhar/me divertir. (Uma ou todas essas expressões.)

- Você não faz nada direito!

- Vou contar para seu pai/sua mãe quando ele(a) chegar!

- Eu prometo que farei X coisa com você! (Promessas não cumpridas.)

- Você é muito burro/fraquinho/irritante. (Pode ser outra palavra pejorativa que nem convém colocar aqui neste livro.)

- Não quero saber o que você acha!

- Não posso ser incomodado!

- Não quis ter você!

- Você não é do sexo que eu queria!

- Você não merece isso/aquilo/ser feliz/a mãe que tem/o pai que tem.

- Você acaba com minha paz!

- Você me mata de desgosto!

- Eu não vou proteger você!

Quais os sentimentos decorrentes de identificar essas memórias?
....
....
....
....
....
....

INSPIRAÇÃO NA TELA

Divertidamente é uma animação que fez muito sucesso. Sempre me emociono ao assisti-la. Ela traz uma mensagem muito importante sobre como as emoções influenciam a percepção sobre a vida, pois as memórias são fixadas pelo impacto emocional. O filme também mostra que é preciso haver equilíbrio na "sala de controle" – a nossa mente.

QR CODE

No QR Code a seguir, acompanhe uma prática de acolhimento da sua criança interior, identificando emoções e acolhendo em seus sentimentos. Ao fim do áudio, sentirá um profundo amor pela criança que você foi, porque você pode até ter se tornado adulto, mas ela sempre estará em seu coração, viva – e, depois dessa experiência maravilhosa, valorizada e amada.

ESCANEIE-ME

CAPÍTULO 3

FORA DO PILOTO AUTOMÁTICO

Quando pensa em sua infância, quais sentimentos surgem em decorrência daquelas memórias?

QUANDO MEU FILHO NASCEU, MEU MARIDO E EU PASSAMOS por aquela deliciosa – e, por vezes, repetitiva – rotina de responder a muitas perguntas e agradecer elogios. Algumas frases passaram a ser parte obrigatória das conversas, como: "Que criança linda. Ele dorme direitinho? Com quem é mais parecido?". Se você já é do time dos "pais e responsáveis", vai se identificar com o que irei compartilhar nas próximas linhas.

Costumávamos dizer que era uma bênção maravilhosa termos nosso bebezinho "zero-quilômetro" e que iríamos "abastecê-lo" só com *gasolina podium* (aquele tipo mais puro de combustível). Era uma brincadeira, claro, mas não deixava também de ser superverdade; afinal, todos nós, quando nascemos, temos em nossa mente o "HD" zeradinho! E nós, como a maioria dos pais, quando um filho nasce, só desejávamos conseguir fazer o melhor, proporcionando à nossa linda criancinha coisas que seriam lembradas com alegria no futuro.

Hoje, já não há discussão sobre o quanto é importante que os pais sejam atenciosos, amorosos, responsáveis e conscientes de seu papel de ensinar aos filhos princípios que os guiarão por toda a vida. Tudo o que entrar naquela cabecinha vai caracterizar o que esse pequenino ser terá em sua formação no decorrer dos dias, meses, anos – ou seja, suas percepções, os sentimentos que vai expressar, sua capacidade de separar o certo do errado, seus julgamentos e aprendizados por meio de suas experiências pessoais etc. Aos bebês, é comum dizer que eles poderão ser o que quiserem, que não há limites para o que irão viver e que serão felizes, prósperos e amados. Na maternidade, cada movimento do recém-nascido emociona os pais, que também se veem envolvidos numa gigantesca nuvem de amor por ter tudo dado certo, seja a saúde do bebê ou a atenção que cada parente ou amigo dedica nessa sublime ocasião.

Para a maioria dos pais, esse é mesmo um momento de muita plenitude e gratidão. Só que o tempo passa, a fralda é tirada, a criança dá os primeiros passos e as coisas começam a acontecer de um jeito um pouco diferente do planejado durante e imediatamente após a gravidez. O filho, agora, já não é aquele doce bebezinho com cheiro de talco, mas uma pessoa que demanda cada vez mais atenção. Assim, vai mudando a forma de muitos pais se comunicarem e falarem dele, quer pelo cansaço, pelo estresse ou na hora da raiva. Seja como for, começa a faltar comunicação, ao mesmo tempo que o pai dedica mais horas ao computador e a mãe, às conversas virtuais com as amigas pelo celular – ou vice-versa. Na verdade, essas também são formas de comunicação. E, nessa linguagem não verbal, o que se está comunicando para uma criança é algo como: "Você vem depois disso que estou fazendo agora". E, por mais que essa não seja a intenção ou o verdadeiro sentimento, é dessa maneira que a criança entende, porque ainda lhe falta o filtro e o discernimento que levaria um jovem ou um adulto a ter a percepção de que, ainda que a outra pessoa não esteja disponível naquele momento, há a certeza de sua importância e do amor que dela recebe. Você já se flagrou ou consegue identificar momentos em que comunicou alguma mensagem que não é, exatamente, a que gostaria de expressar?

Certa vez, uma aluna do curso de mentoria de desenvolvimento para alta performance compartilhou comigo que estava inconformada. Um dos motivos que a fizeram entrar em um processo difícil de desequilíbrio foi a dor de ter visto algo que a tirou do sério. Era um vídeo compartilhado por uma pessoa próxima em aplicativo de conversa. As imagens mostravam uma criança de uns 5 anos de idade sendo chamada de "jumento" pelo próprio pai – e, ainda por cima, com muita agressividade. A mãe da criança também estava no vídeo, porém, numa espécie de letargia, reclamava do garoto também. Ela tinha enviado esse vídeo para a minha cliente a fim de se queixar de que o filho estava "cada vez pior". "Ele é muito malcriado", dizia. Aquilo que para nós duas era tão óbvio (a criança era tão agressiva quanto percebia que seus pais eram com ela) não parecia ser claro para aqueles pais, envolvidos na cena infeliz. Esse tipo de comportamento nocivo é uma espécie de "piloto automático" acionado quando se está vivendo a vida no modo da alienação, conforme Napoleon Hill, no livro *Mais esperto que o Diabo*.* Somos alienados ao agirmos com as crianças de um modo ruim e nos queixamos quando elas começam a repetir o mesmo comportamento que nos veem praticar. Faz sentido?

E você? Quando pensa em sua infância, quais sentimentos surgem em decorrência daquelas memórias? Tem saudosas recordações de bons momentos em família, brincadeiras à mesa, passeios e longas historinhas contadas por seus pais antes de dormir, ou se recorda, com sofrimento, das vezes em que ficou isolado num canto enquanto eles faziam outras

---

* HILL, Napoleon. *Mais esperto que o Diabo*. Trad. M. Conte Jr. Porto Alegre: CDG, 2014.

coisas, ou triste quando suas solicitações por atenção eram respondidas com um "agora, não"? Lembranças fortes e tristes provocam feridas emocionais profundas. A nossa alma é contaminada pela mágoa e pelo ressentimento. Quando leu as frases que muitos pais dizem a seus filhos, no fim do capítulo anterior, qual foi a sua reação? Entenda que o modo "piloto automático" é aquilo que se sente de maneira espontânea, sem o julgamento e o peso do "ter que perdoar, ter que entender, ter que amar" os pais, não importa como eles sejam.

Você é exigente demais consigo mesmo?

A infância é uma fase da vida de muita vulnerabilidade. A criança pode ser comparada a uma esponja que absorve com facilidade tudo que a cerca e aquilo que lhe é comunicado, de maneira intencional ou não. Até os 12 anos de idade, a raiz das crenças do indivíduo sobre si mesmo e sobre a vida está sendo formada, sendo que, até os 7 anos, tudo o que as crianças percebem como problemas que acontecem à sua volta é interpretado como culpa delas. Você se lembra de alguma vez ter visto sua mãe ou seu pai triste e pensar que era você quem tinha feito algo para isso? Por acaso se recorda de, ao presenciar um desentendimento entre eles, haver pensado que a briga se deu por algo que você fez?

> Memórias de frustração, decepção e abandono podem trazer resultados prejudiciais, levando a tendências autodestrutivas.

Você talvez tenha se tornado exigente demais com a própria pessoa. Perfeccionismo, hostilidade, agressividade, frieza e posturas repressoras são comportamentos que se desenvolvem em relação à maneira como fomos criados e ao modo como reagimos a essa formação recebida. Pode acontecer, ainda, de você ser como aqueles que reagem mal a críticas e ter dificuldade em lidar com a rejeição, a exclusão ou o abandono. O leitor é daqueles que ficam horas e horas remoendo um assunto? Talvez, quem sabe, o que lhe prejudica mesmo é a dificuldade de dizer não, de se aceitar e respeitar as próprias limitações. Seja como for, a boa notícia é que o resultado negativo de experiências de tristeza ou dificuldade pode ser atenuado e até solucionado por meio de novas técnicas que atuam sobre as memórias. Até pouco tempo atrás, pensava-se que isso era impossível; porém, muitos neurocientistas, psiquiatras e outros estudiosos da mente têm comprovado e identificado cada vez mais que o processamento dessas informações minimiza o impacto dos momentos que deixaram marcas prejudiciais.*

A visita à infância, ao refletir sobre frases que ouviu no começo da vida, também se relaciona com o modo como você vive hoje. Ouse se questionar e responda: existe alguma chance de você estar repetindo certas posturas e expressões verbais e não verbais para seu filho? Enxergar a real situação é o primeiro passo para que você consiga romper com um comportamento aprendido, a fim de que a sua descendência não seja afetada pelas crenças limitantes que um dia afetaram seus pais e se impregnaram em você. O que lhe cabe, certamente, é fazer sua parte para evitar que essa maldição hereditária continue de geração em geração.

Volte umas páginas e veja se, daquela lista de expressões prejudiciais ditas a você, alguma (ou algumas) está se repetindo. Pronto?

Identifique com um "X" possíveis consequências que você já experimenta (elas são de todo o tipo, e aqui estão apenas algumas delas):

---

* SCIENTIFIC AMERICAN MIND. Why do we imagine? nov. 2015. Disponível em: <https://www.scientificamerican.com/article/why-we-imagine1/>. Acesso em: 26 jul. 2020.

- Desconfiança.
- Expectativas altas.
- Perfeccionismo.
- Intolerância a falhas.
- Excesso de críticas.
- Dificuldade de lidar com as limitações.
- Hábito de valorizar demais a opinião dos outros.
- Hábito de se comparar com os outros.
- Insegurança.
- Medo de não ser aceito.
- Dificuldade em dizer não.
- Aceitação de abusos verbais e emocionais por medo de abandono.
- Sentimento de culpa.

A ciência já provou que não há separação entre o que a mente imagina e o que, de fato, acontece na realidade. Assim, o que você teve de percepção quanto à comunicação dos adultos – e, em especial, dos pais –, quer sejam ideias reais ou distorcidas pela mente da criança, influenciou você. Memórias de frustração, decepção e abandono podem trazer resultados prejudiciais, levando a tendências autodestrutivas e autodepreciativas. Pior do que a rejeição de que fomos vítimas é aquela que exercemos sobre nós mesmos. Se perguntarmos às muitas pessoas que dizem se odiar (porque não veem valor na própria vida) como tudo isso começou, veremos que foi lá atrás, nos primeiros anos de vida – uma ideia plantada por meio de algo que se ouviu ou se experimentou e que ficou ali, crescendo insidiosamente e gerando frutos deletérios. No entanto, a cada vez que ganhava mais espaço, adquiria também mais força, constituindo um diálogo interno carregado de emoções e sentimentos ruins, como tristeza, fragilidade, sentimento de inferioridade, desconfiança, desprezo, ressentimento, raiva, ansiedade, medo, solidão.

Adote relações de aceitação

É por isso que precisamos blindar nossos filhos com orações e sempre vigiar o que lhes comunicamos. Em *Pais inteligentes formam sucessores, não herdeiros*, o psiquiatra e best-seller Augusto Cury, autor da mundialmente reconhecida teoria da Inteligência Multifocal, nos ensina que a criação de todas as crianças possui seus sucessos e crises, o que faz parte da formação de todo ser humano.[*]

No entanto, o autor também afirma que, embora não possamos, como pais, impedir os traumas ou rupturas emocionais, podemos – e devemos! – fazer tudo o que estiver ao nosso alcance para diminuir ao máximo esses estímulos estressantes, evitando-os o quanto for possível.

Uma relação consciente de aceitação e empatia, numa saudável e amorosa comunicação entre pais e filhos, é muito importante. Ela se manifesta ao se deixar claro, quando o filho errar, que a atitude não foi adequada, mas que, mesmo assim, ele é amado e muito importante para o papai e a mamãe. Como pais contemporâneos, que têm acesso a tanto conhecimento e tantas informações, podemos acionar as ferramentas mais relevantes disponíveis na atualidade. É nossa obrigação buscar fazer tudo o que conseguirmos para a construção de uma personalidade madura e resiliente.

Se você já é mãe ou pai, reflita sobre as vezes em que gritou com seu filho ou lhes dirigiu palavras negativas. Pense em quantas vezes os deixou na casa da avó só para "ter um pouco de sossego"; e quantas vezes direcionou à sua filha um olhar de reprovação ou desprezo, sem perceber o que isso poderia gerar como consequência – inclusive, sentimentos de rejeição e abandono. Pare para pensar, independentemente de sua estrutura familiar ou se você é ou não casado, em que tipo de

---

[*] CURY, Augusto. *Pais inteligentes formam sucessores, não herdeiros*. São Paulo: Editora Saraiva, 2014.

mensagem seu filho recebe de você quando percebe sua vida de promiscuidade ou presencia ofensas entre você e o outro genitor. Talvez, você tenha passado por tudo isso e, agora, está repetindo esse padrão de comportamento com seu filho.

Reflita com sinceridade. Não é fácil: a geração de agora vive em redes sociais, em que as comparações e exibições são constantes. Todos queremos ser – ou, ao menos, parecer – os melhores pais, porém, encarar a verdade é o início da mudança que fará toda a diferença.

Quais atitudes podem acabar gerando crenças equivocadas de identidade, capacidade ou valor em seu filho? Como está, atualmente, sua comunicação com ele? Comunicação é o processo em que se transmite algo de nós ao outro, e nem sempre por palavras, mas no jeito de olhar (ou de não olhar), no comportamento, na postura e por meio da linguagem corporal. Qual mensagem você tem passado ao seu filho? É uma mensagem de abandono, no sentido de que o trabalho, o lazer ou outras atividades são mais importantes do que ele? Como será que suas crianças lidam com o fato de você preferir colocar um celular na mão delas a brincar e dedicar um pouco de tempo para fazê-las se sentirem apreciadas e amadas? Você é muito exigente – ou, em contrapartida, demasiadamente permissivo? Sua maneira de criar seu filho é superprotetora ou gera neles a impressão de que são melhores que todos os coleguinhas? Acaso você ignora ou humilha seu filho na frente de outras pessoas? Você o abraça, olha-o nos olhos e diz o quanto o ama? Tem expressado, em palavras e gestos, o quanto ele é importante para você?

> Ouse se questionar e responda: existe alguma chance de você estar repetindo certas posturas e expressões verbais e não verbais para seu filho?

A maneira como responder a essas perguntas pode mudar a sua vida e da sua família! A partir dessa consciência, então, quais serão suas mudanças? Responda na primeira pessoa, de forma positiva, isto é, o que você quer e o que vai fazer. Evite mencionar aquilo que não quer e não pretende fazer. Seu cérebro assimila muito melhor expressões positivas.

Certo dia, Thomas Alva Edison chegou em casa com um bilhete para sua mãe. Ele disse: "Meu professor me deu este papel para entregar apenas a você".
Os olhos da mãe lacrimejavam ao ler a carta, e ela resolveu lê-la em voz alta para o menino: "Seu filho é um gênio. Esta escola é muito pequena para ele e não tem professores ao seu nível para treiná-lo. Por favor, ensine-o você mesma!".
Depois de muitos anos, Edison veio a se tornar um dos maiores inventores da história da humanidade. Após o falecimento de sua mãe, ele encontrou novamente a carta recebida na infância – porém, verificou que o conteúdo era bem diferente do que sua mãe lera, tantas décadas antes. O que o professor havia escrito era isso: "Seu filho é confuso e tem problemas mentais. Não vamos deixá-lo vir mais à escola!".
Edison chorou durante horas e então escreveu em seu diário: "Thomas Edison era uma criança confusa; mas, graças a uma mãe heroína e dedicada, tornou-se o gênio do século".
Existem certos momentos da vida em que é necessário mudar o "conteúdo da carta" para que o objetivo seja alcançado...

DA TEORIA À PRÁTICA

Compreender o impacto de algumas atitudes na vida de seu filho é algo que faz muita diferença. Diante de tudo o que leu, somado ao que certamente lhe foi revelado nas entrelinhas pelo Espírito Santo acerca da própria infância, na vida adulta e também como mãe ou pai, reflita sobre quais comportamentos você quer eliminar e quais vai colocar em seu lugar, no que diz respeito ao relacionamento com seu filho. Se não tiver filhos, imagine como será quando tiver. Caso não seja um desejo seu ter filhos, pense: tem tratado alguém próximo como se fosse um filho, comportando-se de uma maneira que claramente traz padrões de repetição negativos? Depois, preencha o exercício a seguir.

Eu, _____, identifiquei estar agindo com meu(s) filho(s) com os seguintes comportamentos: _____.

E a partir de hoje me empenharei amorosamente em trocar essa postura pelas seguintes atitudes benéficas: _____.

E farei isso a partir do dia _____, às ___h___min. Irei pedir para _____ (amigo com quem compartilhar a decisão) que me cobre daqui a ___ dias, isto é, _____ para saber se já estou no processo de transformação.

Assino e atesto que este documento é verdade.

_____
(seu nome)

Para completar o exercício, escreva uma declaração de amor para o(s) seu(s) filho(s), dizendo o quanto ele(s) é(são) importante(s) e amado(s) e o quanto significa(m) para você.

....
....
....
....
....

INSPIRAÇÃO NA TELA

Em *À procura da felicidade,* Will Smith dá vida a um personagem que busca alcançar o sucesso e recorre a uma alta dose de determinação, coragem, resiliência, resistência e, sobretudo, muito amor. Uma das frases mais famosas desse filme emocionante é dita quando o pai recomenda o seguinte ao filho, depois de ele próprio desanimar o garoto, devido às circunstâncias adversas, sobre o sonho da criança de se tornar um jogador de basquete: "Não deixe que lhe façam pensar que você não é capaz de algo porque essa pessoa não consegue fazer. Se você deseja alguma coisa, se quer realmente, lute por isso!". O filme, que é baseado em uma história real, mostra que é muito importante passar por cima das crenças limitantes e enxergar que há em nós uma capacidade latente, como a do personagem principal.

QR CODE

Para a vivência on-line desta ferramenta, antes de abrir o QR Code, pegue um espelho ou dirija-se a algum cômodo onde haja um. Vamos fazer um exercício importante, que tem como objetivo editar janelas da memória e vivências de dor emocional, a fim de melhorar suas experiências no presente. Não faça se você tem síndrome do pânico ou se, por algum motivo, encontra-se sob abalo emocional. Espere um momento em que esteja razoavelmente no controle de suas emoções.

CAPÍTULO 4

SEUS PENSAMENTOS CONSTROEM SUA HISTÓRIA

Crenças limitantes nos levam à paralisia – contudo, podem ser eliminadas.

PENSAMENTOS. QUAL DE NÓS CONSEGUE AFASTAR-SE DELES, ainda que por poucos instantes? Não há ser humano que possa dizer, com sinceridade, que domina tudo aquilo que pensa. Por mais que se tenha disciplina e autocontrole, sempre haverá aquele pensamento furtivo que surgirá em nossa cabeça sem ser convidado. Existe uma batalha que é travada o tempo todo em nossa mente, do momento em que acordamos até a hora em que vamos dormir – além, é claro, das vezes em que despertamos no meio da noite com os mais diversos pensamentos na cabeça. Esse confronto é travado desde que estávamos no ventre materno, já que os fetos têm condição de absorver não só nutrientes, mas emoções e pensamentos de sua mãe, embora não sejam capazes de processá-los simbolicamente.

São os pensamentos que nos condicionam a fazer de nossas histórias tristes enredos fadados a finais infelizes. Quando acreditamos que determinada situação não tem mais jeito, que não vamos conseguir alcançar o objetivo e que as coisas não vão dar certo, bem... tudo aquilo em que acreditamos acaba por acontecer, numa inexorável relação de causa e efeito. Quais os seus pensamentos que têm reforçado uma percepção negativa sobre si mesmo e/ou sobre tudo o que existe à sua volta?

Salomão, apontado pela Bíblia como o mais sábio de todos os homens que viveram na Terra, escreveu muitas coisas sobre a mente e o seu poder de conduzir nossa vida à vitória ou à ruína. Um de seus textos mais conhecidos diz o seguinte:

> *Como ele pensa em seu coração, assim é ele.*
> Provérbios 23:7

A única forma de mudar as cadeias que nos prendem aos nossos pensamentos é nos desafiar, romper com as limitações autoimpostas e, efetivamente, passar a viver fora da caixinha. No fundo, as crenças limitantes fazem exatamente isso: apertam-nos para dentro de uma caixa onde não cabe nossa mente. Foi o que aconteceu comigo. Eu me deparei com questões que não soube assimilar bem e que culminaram em um processo de autorrejeição muito forte. Quanto mais eu me rejeitava, mais insuportável ficava conviver comigo mesma. Assim, comecei a procurar válvulas de escape para aliviar a minha alma. Primeiro, foi a comida; depois, vieram as drogas. No entanto, como essas coisas são incapazes de preencher nosso vazio interior, eu estava sempre insatisfeita, buscando algo mais – uma dose mais forte de anestésicos para a alma. Foi uma procura vã. Você tem buscado alívio para seu vazio interior nos que estão à sua volta? Nas redes sociais? Nas bebidas, na pornografia, na raiva de tudo e de todos ou outros sentimentos tóxicos?

Embora, como já vimos, o termo bullying não fosse usado na minha infância e adolescência para definir essa prática cruel de perseguição, era exatamente isso que acontecia comigo e com outras pessoas consideradas, seja por qual motivo fosse, fora do padrão. Bastava ser um pouco diferente para ser ridicularizado – e eu, particularmente, era fora dos padrões. Era mais alta do que a maioria, tímida e introspectiva. Além disso, era a única evangélica da classe e, ainda por cima, filha de um pastor. Para quem vive no Brasil de hoje, onde praticamente um terço da população se declara evangélica, é difícil imaginar o que acontecia até os anos 1990. Embora não houvesse exatamente uma perseguição religiosa, já que os crentes não eram impedidos de exercer seus direitos ou atos da vida civil em face de sua fé, havia um bocado de má vontade contra esse segmento. Estereótipos eram constantemente aplicados a quem frequentava igreja evangélica – desde os hábitos mais comedidos no vestuário e no comportamento à abstinência em relação a fumo e álcool, tudo era motivo de chacota. Por conta dos complexos que eu tinha, passei a usar roupas muito largas e quase sempre escuras, na esperança de disfarçar as formas do meu corpo e passar despercebida. Para facilitar e diminuir o sofrimento na hora de me vestir, grande parte das vezes apelava para a legging com camiseta.

Foi no início da adolescência, por volta dos 12 anos, que comecei a trabalhar com meu pai em sua agência de propaganda, que ficava na avenida Paulista, coração de São Paulo. Naquele primeiro mês de adaptação nesse novo ritmo de vida, eu me senti tão cansada que, mesmo com fome, ia dormir direto quando chegava em casa, sem nem jantar. Com o metabolismo acelerado da adolescência, meu corpo logo cobrou o preço daquela correria – em pouco tempo, diminuí a numeração de minha calça jeans do 44 apertado para o 40 largo.

Isso aumentou minha satisfação comigo mesma e me despertou o desejo de iniciar atividades físicas numa academia. Eu ansiava para ficar em forma, mais parecida com as meninas da minha idade. Nessa mesma academia, fui descoberta por uma caça-talentos de uma das agências de modelos mais sérias e respeitadas do mundo, a Ford Models. Assim, emagreci 20 quilos em menos de dois meses e, no semestre seguinte, nada menos que 30 kg.

A partir de então, passei a atuar em desfiles e comerciais de televisão. Só que o mundinho fashion tem as próprias normas de relacionamento, e eu comecei a me sentir como um peixe fora d'água no meio daquelas garotas tão lindas e diferentes de mim. Para me enturmar, procurei agir como as outras modelos agiam. Na época, não havia tantas restrições legais e sociais ao tabagismo, por isso uma das coisas que logo percebi foi que muitas garotas da agência fumavam. Na minha ânsia por aprovação e para ter algum assunto para conversar com minhas colegas, comecei a fumar também. Além disso, eu acreditei na lenda de que o fumo iria me ajudar a não engordar mais. Em que circunstâncias de sua vida você passou por cima de seus próprios registros e censuras internas para agradar e "pertencer"?

Quando chegava em casa, era preciso fazer uma *desintoxicação* olfativa, apagando os vestígios do cigarro no hálito e nas roupas. Deu certo durante algum tempo, mas logo meus pais perceberam que eu fumava. Para evitar as broncas ou, pior ainda, uma proibição de sair de casa, eu inventava mil desculpas, como a de que era "um cigarrinho só" de vez em quando ou que o cheiro forte era por causa do ambiente carregado de fumaça. Assim, fui levando as coisas. Depois, vieram as festas e baladas regadas a muita bebida. Percebi que beber era algo que me deixava desinibida e desenvolta, coisas que eu sempre quis ser.

> A única forma de mudar as cadeias que nos prendem aos nossos pensamentos é nos desafiar, romper com as limitações autoimpostas e, efetivamente, passar a viver fora da caixinha.

Ao repetir os comportamentos dos outros, passei também a me enturmar mais, e isso veio a preencher algo que cada um de nós almeja, de maneira consciente ou não: fazer parte de um grupo. Era maravilhoso estar entre aquele pessoal, sentindo-me querida e acolhida. Eu desejava conhecer gente nova, ter experiências inesquecíveis. Nesse processo, fui me afastando da família e dos amigos de antes. Quanto à igreja, tornei-me uma figura distante; eu só ia aos cultos na base da pressão – e, assim mesmo, com muita má vontade. Aquelas novas amizades eram tão legais! Elas me envolviam, me divertiam, me queriam bem; ao lado delas, eu sentia que poderia viver intensamente. Eram elas que faziam questão de minha companhia.

Para resumir, uma coisa foi puxando a outra, em uma ciranda mundana que me envolveu rapidamente. A Bíblia diz que "um abismo chama a outro abismo" (Salmos 42:7), e assim aconteceu comigo. Sem Deus, minhas escolhas provocaram em mim consequências desastrosas. Lá no fundo, eu sabia que estava me distanciando cada vez mais Dele, mas pensava que não tinha mais como voltar. Foi nessa fase que, no Brasil e no mundo, se popularizaram as chamadas festas rave, que varam dias e noites, chegando, às vezes, a setenta e duas horas ininterruptas. Geralmente realizadas ao ar livre, em um terreno vazio ou na praia, elas são uma jornada de loucura e fuga da realidade à base de som altíssimo, bebida, dança frenética e drogas sintéticas. Foram muitas e muitas "viagens", e na maioria eu tinha *bad trip*. Só que já estava viciada naquelas sensações, e a dependência emocional e física me fazia esquecer toda a ressaca da festa anterior, lançando-me de novo na "fissura" por mais uma rave movida a alucinógenos.

O valor de uma família presente e amorosa

Quem nunca passou por esse pesadelo não faz ideia do que é estar sob efeito de tantos estímulos visuais, auditivos e químicos ao mesmo tempo. Em momentos de muita loucura que entorpeciam a mente – às vezes, eu tinha até medo de que não ia conseguir voltar –, o desespero me jogava na lona. Nesse tipo de festa, as pessoas não dormem; ficam como que hipnotizadas, sem controle sobre seu corpo ou suas emoções.

Para piorar mais as coisas, eu me envolvi com uma pessoa que me levou ainda mais para baixo. Uma grande decepção sentimental somou-se a tudo isso: apaixonei-me por um rapaz, também modelo, que era um jovem problemático. Ele era usuário de drogas e a relação, que felizmente durou pouco, foi suficiente para que eu me sentisse humilhada e usada. O sentimento de rejeição após o rompimento fez que eu me jogasse ainda mais no mundo das baladas e festas, para aliviar e esquecer aquela dor. Depois, vieram os sintomas físicos. Desenvolvi uma espécie de alergia que provocava bolhas na pele que coçavam e ardiam muito. Como eu não conseguia me controlar, tocava constantemente as feridas, que inflamavam. Cheguei ao absurdo de, numa madrugada, cavar a testa com uma faca, tamanho era o incômodo. Aquilo foi crescendo e crescendo, e não sarava. Semanas se passaram. Fiz até biópsia, mas nada foi detectado.

Devido ao aspecto de minha pele, tive de abandonar a carreira de modelo, na qual depositara tantas esperanças. Com menos de 18 anos de idade, minha vida já era marcada pelo fracasso. As crenças limitantes ficaram mais fortes do que nunca. Embora fosse eu mesma a principal responsável por aquela situação, não entendia por que aquilo estava acontecendo comigo. Ao sentimento de culpa juntaram-se os complexos. Eu me olhava no espelho e dizia palavras de maldição e ódio a mim mesma. Rapidamente, a depressão veio forte e me enclausurou no quarto por cerca de um ano e meio. Assistia à TV o dia inteiro e me sentia péssima vendo os comerciais dos quais, um dia, fiz parte. Na telinha, desfilavam modelos com quem eu tinha trabalhado no início de nossas carreiras, como Ana Hickmann, Fernanda Lima, Leticia Birkheuer, Adriana Lima, Gisele Bündchen – com quem fiz um desfile para uma famosa marca de roupas estrangeira –, Patrícia de Jesus, Aline Moraes, Mariana Weickert e tantas outras. O pensamento de que eu poderia estar ali, brilhando na fama e na fortuna ao redor do mundo, em vez de ter me destruído e acabar trancada em um quarto solitário, doía mais do que as erupções na pele. Você já sentiu o desespero de ver seu mundo desmoronando bem diante de seus olhos?

Aquele sofrimento não afligia somente a mim. Minha mãe, Arlete, e minha irmã, Georgia, que sempre estiveram ao meu lado e, desde a época de modelo, eram tão próximas e orgulhosas de minhas conquistas, também estavam arrasadas. Por mais que me confortassem naqueles momentos de desespero e tristeza, a verdade é que nada parecia suficiente para me tirar daquele ciclo de autodestruição. Sei que foi uma fase muito difícil para elas também, assim como para meu pai, Juanribe, e meu irmão, Gian, que também me queriam muito bem e buscavam, de todos os modos, colaborar para que eu retomasse minha vida. Meu pai, homem de Deus, orou comigo por diversas vezes, repreendendo toda aquela malignidade, e frequentemente compartilhava comigo testemunhos de milagres, para aumentar minha fé. Ele, que era um pregador acostumado a falar para multidões, não se furtava a permanecer horas ao meu lado, ministrando palavras de fé, esperança e poder ao meu conturbado coração.

Convém registrar que minha mãe e irmã, talvez até por serem mulheres, tinham uma imensa e notável sensibilidade com a minha dor (aliás, a ciência já provou que a mulher tem maior quantidade de ocitocina, hormônio ligado à empatia, compaixão e solidariedade).* Foram inúmeras as ocasiões em que as duas choraram comigo, me abraçaram e me deram palavras de incentivo. Oramos tantas vezes juntas... Aquilo era um bálsamo que acalentava o meu ser, embora, no meu íntimo, eu sentisse ainda mais raiva de mim mesma por me perder em meio a pensamentos depressivos e autodestrutivos. Você já sentiu raiva de si mesmo a ponto de o cuidado de pessoas próximas ser, ao mesmo tempo, fonte de conforto, mas também de ainda mais culpa e raiva?

Sem que haja uma decisão pessoal, uma conscientização quanto à autodestruição, se quem está passando pela depressão não se determinar a superar o desconforto e se recuperar, nada de fora – nem mesmo o amor de parentes e amigos – é suficiente para que o milagre da libertação aconteça. A isso se chama livre-arbítrio, ou seja, a prerrogativa que cada um de nós tem de aceitar ou rejeitar a ação de Deus. O Senhor não age arrombando almas e espíritos, forçando a transformação; é necessário que cada um, por própria vontade, abra o coração, que Jesus associou a uma porta, e essa porta só pode ser aberta com a chave que pertence a quem está do lado de dentro. Entretanto, mesmo que todas aquelas orações em meu favor feitas por pessoas que me amavam não tenham, digamos assim, resolvido meus problemas, creio que elas deixaram as sementes que, um dia, viriam a germinar e florescer, dando frutos que só agora estou colhendo.

Naquela fase tenebrosa de minha existência, eu só saía de casa para comprar cigarros, coisa que eu não tinha coragem de pedir a ninguém da família. Sem nenhuma ocupação ou

---

* AZCHEMISTRY.COM. *15 Oxytocin Hormone Functions in Men and Women – Chemical Reactions – Effects*. 6 abr. 2017. Disponível em: <https://azchemistry.com/oxytocin-hormones-function>. Acesso em: 23 jul. 2017. SANTOS, Felipe; LEITE, Patrícia. Ocitocina – O Que é, Para Que Serve, Função e Efeitos Colaterais. *Mundo Boa Forma*, 09 mai. 2019. Disponível em: < https://www.mundoboaforma.com.br/ocitocina-o-que-e-para-que-serve-funcao-e-efeitos-colaterais/>. Acesso em: 17 set. 2020. Página indisponível.

rotina, eu dormia quando o dia estava amanhecendo e passava a madrugada fumando um cigarro atrás do outro, perturbada, ansiosa. Na madrugada, também vinham as crises de compulsão alimentar. Eu comia tudo o que via pela frente na cozinha ou na geladeira: queijo com sorvete, feijão gelado, pizza, batata cozida, enfim, tudo sem qualquer critério, só para ter a sensação de saciedade. Embora quisesse, não conseguia forçar o vômito, e talvez por isso não tenha desenvolvido o distúrbio da bulimia. "Nem para isso eu presto", concluí. A comida, no caso, não era uma questão de necessidade alimentar, mas apenas outra forma de me destruir. Em questão de poucos meses, pulei do corpinho de modelo com 50 kg para um peso de quase 100 kg – a compleição física considerada pela medicina como obesidade mórbida, de tão prejudicial que era para minha idade e altura. Eu me recriminava por tudo: por ter me envolvido com as drogas, por ter me apaixonado por um cafajeste, por ter jogado a carreira de modelo no lixo. Eu não enxergava nada de bom em mim – e me odiava por isso.

Numa tentativa de me tirar daquele quadro deplorável, minha mãe me convenceu, após muita insistência, a iniciar um cursinho pré-vestibular. No seu

> A verdade é que nada parecia suficiente para me tirar daquele ciclo de autodestruição.

entender, aquilo poderia me ajudar, menos pelo aspecto educacional e mais pelo contato com outras pessoas e com o mundo fora daquele quarto. Mal sabia ela que, logo, eu iria me juntar à turma que trocava as aulas pelo bar ao lado do curso. Sem nenhum amor-próprio e buscando qualquer tipo de alívio, a falta de limites provocada pelo álcool me deu uma coragem que eu nunca tivera: a de experimentar cocaína. Do pó pulei para o *crack* e, logo na primeira tragada, me viciei. Iniciaram-se três anos de um sofrimento pavoroso, que me acompanhou dos 19 aos 21 anos – justamente aquela idade em que o jovem escolhe a carreira, constrói relacionamentos e pavimenta seu futuro. No entanto, ali estava eu, vagando em busca de mais uma pedra, sem quaisquer perspectivas ou sonhos. Quais foram os abismos em sua vida que fizeram sonhos serem enterrados?

O caminho da cura

Você tem olhado para seus problemas de modo individual e solitário? Já experimentou a força que um grupo de apoio pode oferecer a você?

Foi somente depois das 4 internações compulsórias em clínicas de reabilitação, conforme já mencionei, que compreendi que, se não mudasse logo minha maneira de lidar com a dor e o desconforto que sentia comigo mesma, logo a morte viria a me encontrar. Ciente de que o índice de pessoas que nunca se recuperam dessa droga maldita é de cerca de 80%, decidi que tinha de fazer minha parte. Desde a primeira internação, eu conhecera o Narcóticos Anônimos (NA), uma irmandade de homens e mulheres para quem as drogas se tornaram um problema maior. São adictos em recuperação com o objetivo de se reunir regularmente para prover ajuda mútua no sentido de se manterem "limpos", como são definidos, no jargão da instituição, aqueles que conseguem se manter longe do vício.

O grupo Narcóticos Anônimos não tem subterfúgios, não é ligado ou filiado a nenhuma outra organização política, religiosa ou policial; não cobra taxa de matrícula ou qualquer outro tipo de pagamento. Tampouco, há compromissos escritos, registros ou controle sobre seus associados, além de aplicar todo o resultado financeiro oriundo das suas atividades na manutenção e no desenvolvimento do programa. São inúmeros os relatos de gente que conseguiu abandonar o álcool e as drogas depois de passar pelo NA.

Existe um ponto de virada em nossas vidas, e esse ponto particular independe de uso de drogas ou outros tipos de problemas que se podem constatar em sociedade. Na verdade, não apenas um, mas a vida é repleta desses pontos particulares de reviravolta. Abrir-se para enxergar que é hora de virar a chave faz desse momento algo muito marcante. Para você, onde está seu ponto de virada? Restava-me abrir o coração e desejar ardentemente a transformação, da qual eu teria de ser protagonista. Dessa vez, não apenas segui teorias, mas me empenhei em todas as atividades propostas. Assim, não hesitei em pedir ajuda, seguir os passos do processo e frequentar as reuniões com assiduidade. Pela primeira vez em muito tempo, passei a enxergar sentido em alguma coisa e acreditei que poderia permanecer firme em um propósito. Nesses grupos, combatem-se o vitimismo e a imobilidade do viciado, desafiando-o a sair da zona de conforto. Para mim, foi uma batalha, já que a compulsão por drogas não é algo que desaparece da noite para o dia. No entanto, se não tivesse conhecido aquelas pessoas no grupo Narcóticos Anônimos, talvez eu não tivesse conseguido iniciar esse processo, repleto de altos e baixos, aos 21 anos. Assim, em meio a muitas dificuldades e muitas reuniões do NA, nunca mais cheguei perto do maldito *crack*. Enquanto escrevo estas linhas, já se passaram 6.650 dias, mais de 160 mil horas sem esse vício tenebroso. E assim permanecerei até o fim desta existência terrena chegar!

Em grupos de autoajuda, não existe apelo a nenhuma crença ou religião. Essa diretriz faz parte dos conceitos e tradições da associação, embora cada pessoa tenha liberdade para prosseguir com a própria confissão de fé ou continuar sem nenhuma. O que se espera é que o participante siga voluntariamente os 12 Passos propostos e que tenha o desejo de parar de consumir as substâncias que desencadearam a dependência.

Embora não haja uma proposta religiosa, o NA tem uma linda oração que fala de superação, motivação e resiliência:

> *Eu seguro minha mão na sua,*
> *uno meu coração ao seu,*
> *para que juntos possamos fazer aquilo*
> *que sozinho não consigo.*
> *Concedei-me, Senhor,*
> *a serenidade necessária para aceitar as coisas*
> *que não posso modificar,*
> *coragem para modificar aquelas que posso*
> *e sabedoria para distinguir uma das outras.*

Diante desse relato sobre uma fase muito difícil que vivi, em que deixei de acreditar em mim mesma e dei vazão à autodestruição, quero lhe perguntar: quais são as crenças que limitaram seus sonhos, levando você a pensar que não pode viver o extraordinário nessa Terra? Meu primeiro sonho, que me tirou da caixa e me fez viver novamente, foi ficar limpa. Hoje, meu sonho é tocar seu coração por intermédio de minha história de vida.

Qual é o seu sonho? Que tal pensar em como irá alcançá-lo?

DA TEORIA À PRÁTICA

ETAPA 1 – IDENTIFIQUE AS CRENÇAS LIMITANTES

O que define você perante a si mesmo? O que você tem dito, mesmo que mentalmente, sobre você mesmo, e que traz uma mensagem limitadora, desencorajadora e negativa?

Já aprendemos que, pela escrita, somos capazes de memorizar e conscientizar melhor os conteúdos. Escreva quantas quiser, mas identifique, no mínimo, 5 crenças limitantes. Procure mencionar aquilo que costuma dizer a si mesmo ou pensar a seu respeito quando algo parece não estar dando certo ou quando surge algum problema. Talvez, essas expressões comecem com "eu não sou isso ou aquilo", ou "eu não mereço tal coisa", ou, ainda, "sou incapaz de fazer isso". O que importa no exercício é que você dê vazão aos próprios sentimentos limitantes, negativos ou desencorajadores:

1._____ 2._____ 3._____
4._____ 5._____

ETAPA 2 – A MESA-REDONDA DO EU

Popularizada por Augusto Cury, a técnica combate o seu sentimento de abandono e incentiva você a aprender a dialogar sobre os pensamentos que estão causando problemas. É como um diálogo consigo mesmo; uma conversa franca, questionadora e inteligente. O processo deve levar você a entender que não faz sentido permitir que uma crença limitante, fundamentada seja lá no que for, o impeça de alcançar seus objetivos. Nesta mesa-redonda com seu eu, questione e confronte os seus medos, suas angústias, seus conflitos, sua falta de atitude e a própria vitimização. "O que me levou a pensar assim?", por exemplo, é um bom começo de questionamento. "Como seria se eu não pensasse mais desse jeito?" pode ser um bom desenvolvimento para esse raciocínio. Questionamentos do tipo "como seria se eu fizesse determinada coisa, em vez de sequer tentar realizá-la?" pode ser um ótimo começo para sair da inércia. "Como seria se eu pudesse encontrar outro modo de pensar sobre essa situação?"; "Se eu pudesse encontrar um meio de ter atitudes mais produtivas quando algo assim acontecer, que atitude seriam essas?";"O que posso fazer, a partir de agora, para mudar isso?". Enfim, são muitas perguntas — e, se agir com honestidade e empenho, você vai encontrar as respostas.

INSPIRAÇÃO NA TELA

12 anos de escravidão é um filme ambientado nos Estados Unidos dos anos 1840. Solomon passou muito tempo longe de sua família, sendo humilhado e escravizado. Por conta de seu talento como violinista, ele recebe uma proposta promissora para trabalhar em outra cidade. No entanto, tudo era apenas uma farsa — na verdade, Solomon foi sequestrado, vendido e destinado a passar os piores anos de sua vida. Esse filme traz um olhar sobre o sofrimento de ver a liberdade perdida e não ter mais controle sobre a própria vida. Embora a escravidão, como sistema social, tenha sido abolida há muito tempo, uma quantidade imensa de pessoas vive em condições emocionais semelhantes, por meio de crenças criadas e alimentadas nas própria mente.

QR CODE

Prática de mesa-redonda do eu: DCD — duvidar, criticar, determinar, duvidando das crenças limitantes, criticando tudo o que o boicota e determinando ser feliz e viver com autocompaixão, alegria e felicidade.

CAPÍTULO 5

SEU DESTINO COMEÇA AGORA

Reescreva sua história pessoal por uma ótica positiva. Você pode ressignificar experiências de sofrimento, transformando-as em estímulo para alcançar seus propósitos.

Quem gosta de admitir derrotas?

Se alguém se apresentar diante de uma pergunta como essa, pode ter a certeza de que será observado de olho torto. Nossa sociedade valoriza os vencedores, os bem-sucedidos, os fortes; já aqueles que sofrem reveses, ainda que não tenham colaborado para isso, são menosprezados. Ninguém, portanto, se dispõe a admitir o fracasso. Todos os nossos instintos naturais gritam contra a ideia da impotência pessoal, porém, a admissão de minha debilidade marcou o início da transformação que me libertou do passado e me permitiu olhar adiante.

O apego, a tristeza e o arrependimento em relação ao passado são grandes problemas que precisamos combater. Outro problema sério, que pode estar ou não associado ao anterior, tem a ver com a ansiedade e a preocupação em relação ao futuro. Tomados por uma imensa dificuldade de nos conectar e estar presente, tornamo-nos escravos e perdemos a liberdade. O maior de todos os desafios é como processamos cada acontecimento em nosso interior. Afinal, é lá na mente que tudo começa! Sim, a mente é o principal campo de batalha. É o lugar onde o Diabo pode estabelecer suas crenças malignas e semear a destruição – e é por isso que ele luta tanto para embutir pensamentos ruins em nós e deturpar o que acreditamos sobre nós mesmos, desde a infância.

A psicologia, a neurociência e a psiquiatria são alguns dos campos de estudo cujo foco é a compreensão do funcionamento da mente. Isso envolve, também, a intenção de explicar como se forma a compreensão emocional de cada um, bem como a origem dos conceitos acerca do que é bom ou ruim – e até mesmo o senso do quanto a pessoa acredita em si mesma e qual a relação disso com o quanto consegue alcançar o que considera um ideal.

O leitor conhece alguém que consegue transformar a própria história de dificuldade em um caso inspirador de vitória? O que será que esse indivíduo tem de diferente daquele outro tipo, que às vezes até passa pelas mesmas situações, mas nunca consegue mudar e desperdiça para sempre o resto da vida? O que faz a diferença? Ora, se nós, em nossa vida, apenas nos apegarmos ao passado, atendo-nos às oportunidades que tivemos e que desperdiçamos, não sairemos mais do lugar. Conforme relatei no capítulo anterior, tive acesso a ótimas perspectivas profissionais no mundo da moda e pus tudo a perder. Entretanto, se eu apenas pensasse no que a falta de visão ou força de vontade me tiraram, provavelmente não estaria escrevendo este livro; estaria, apenas, chorando e me culpando. O que mudou minha vida? Enxergar que poderia dar significado a toda essa história. Minhas experiências ganham sentido se, ao compartilhá-las, eu puder ajudar muitos a se levantar, deixando para trás os vícios em entorpecentes ou vícios emocionais e comportamentos que levam à destruição.

Meu olhar de compaixão para com dependentes químicos é mais agudo porque eu também fui um deles. É isso que me leva a encorajar pessoas e famílias que padecem com a tragédia do vício, motivando muitos que perderam a esperança a voltar a sonhar.

Assim, fui percebendo algo que me fazia sentir uma plenitude tão grande que não poderia me permitir ficar de cabeça baixa ou sair desse caminho. Não foi imediato; porém, com o tempo, entendi que esse relacionamento pessoal com Deus era possível e que o chamado Dele em minha vida dependia mais de mim do que do Senhor. A mim, cabia estar assumindo a responsabilidade sobre o que eu deixava entrar no meu coração e na minha mente, ao mesmo tempo que me afastava de todo mal de forma séria e responsável.

Olhe na direção certa

Você pode ressignificar experiências de sofrimento para ajudar outras pessoas a também acreditarem na superação das próprias tragédias, olhando na direção certa – para a frente e para o alto. Vivemos muitas aflições neste mundo; no entanto, creio que um dos grandes desafios é trazer à consciência o fato de que podemos controlar a forma como encaramos as coisas. Essa mudança de pensamento muda tudo! Isso não significa, em absoluto, que devemos viver em um mundo de imaginação: é claro que temos de ponderar cada escolha com sabedoria, discernindo e determinando aquilo que queremos para nós. No entanto, quando acionamos o piloto automático, o resultado é a destruição dos sonhos, da esperança e do futuro de vida abundante, para nós mesmos e para aqueles a quem amamos. É necessário, portanto, empenho em buscar conhecimento e estratégias para mudar qualquer diálogo interno negativo.

> Não há outro caminho capaz de levá-lo a viver com mais alegria e plenitude do que aquele que você trilhar rumo ao propósito divino para sua existência.

Assumir esse papel de filho de Deus só é possível quando entendemos que o propósito pelo qual viemos ao mundo é para que tenhamos a vida abundante que Jesus conquistou para cada um de nós — algo que alcança nossos filhos e os filhos de nossos filhos. O Senhor tem prazer em nossa realização! Ele deseja que tenhamos uma vida com propósito, determinação e perseverança, com o olhar voltado para o que é bom — amar ao próximo como a nós mesmos e a Deus sobre todas as coisas. As crenças limitantes afetam de maneira tão intensa esse compromisso que é preciso que as nossas inteligências espiritual, cognitiva e emocional ajam ativamente para que possamos combatê-las e vencê-las.

Há muita gente que diz que a própria vida se resume a um boleto atrás do outro. Embora essa frase já tenha virado até estampa de camiseta, a vida não é só pagar boletos. Tudo bem ser responsável, querer honrar seus compromissos, suas contas, suas tarefas. No entanto, será que foi para isso que você veio ao mundo? Só para correr atrás de suas obrigações e levar uma vida exatamente assim, de um constante "correr atrás"? Quando você vai parar de correr atrás para correr na frente?

Você já parou para se questionar, sinceramente, acerca do motivo pelo qual veio a este mundo? Ou acredita que sua vida é um acaso natural, ocorrido a partir da união entre um homem e uma mulher, e que seu destino, como o dos outros seres vivos, é nascer, crescer, adquirir autonomia, reproduzir-se (ou não), envelhecer e morrer? Faça-se essas perguntas e, diante da resposta, reflita o quão perto está de ser o que Deus lhe chamou para ser. Caso não tenha ainda essa resposta com clareza, não se preocupe: a direção vem, justamente, a partir da sua determinação em se questionar, em descobrir suas habilidades e pontos fortes e, conscientemente, perguntar ao Senhor, em oração, o que Ele quer para sua vida. Estou certa de que, caso ainda não esteja enxergando o foco de sua missão, o caminho vai se delinear à medida que você avançar na leitura deste livro. E saiba que não serão descobertos apenas os próprios sonhos, mas os projetos do Criador para você.

O Pai preparou isso para você, pois sabe de sua capacidade para alcançar e realizar. Não há outro caminho capaz de levá-lo a viver com mais alegria e plenitude do que aquele que você trilhar rumo ao propósito divino para sua existência. Portanto, a cada vez que focar em sua missão e no que fará para seguir rumo a essa meta, sua fé será fortalecida. A Palavra de Deus afirma que a fé, sem obras – ou seja, sem atitude –, é uma fé morta!

Quando descobrir a sua missão, será inevitável perceber que existem mudanças a serem feitas rumo aos objetivos e metas que passam a ser traçados. Talvez, coisas que você aprendeu ou conceitos que se enraizaram como convicções absolutas precisem passar por uma revisão. É o caso de quem quer crescer na vida profissional, mas que não consegue partir em direção à prosperidade por sempre ter ouvido, quando criança, que os ricos são maus e avarentos ou que o dinheiro é a raiz de todos os males. Se esse é o seu caso, saiba que, se não mudar essa maneira de enxergar a vida, vai acabar se sabotando sempre que estiver próximo de uma boa oportunidade. No entanto, examine essa crença e você verá que, na Bíblia, o que se condena é o apego ao dinheiro. A avareza faz o indivíduo imaginar que seus recursos não devem ser empregados em boas causas ou para ajudar o próximo, sem esperar nada em troca. É um sentimento tóxico que, com o tempo, leva à solidão e à infelicidade.

> Você pode ressignificar experiências de sofrimento, transformando-as em estímulo para alcançar seus propósitos.

Essa é apenas uma das crenças limitantes que têm afetado tanta gente, ao longo de muitas gerações, e trazido confusão a tantas pessoas que acharam que só seriam fiéis a Deus se fossem pobres ou mesmo miseráveis. Seja consciente e decida tomar posse das atitudes que vão aproximá-lo mais da vontade do Senhor – inclusive, em relação aos bens materiais. Quanto às mudanças, você encontrará em si garra, empenho, dedicação, persistência e coragem. Não é fácil, mas você verá que buscar estratégias e apoio transformará sua vida numa inspiradora jornada de fé e amor, com muitas descobertas, alegrias e bênçãos.

Combata as crenças limitantes com sabedoria e dê um passo por vez rumo ao seu propósito de vida. Aproveite cada momento desse processo – não cometa o erro de deixar para aproveitar só quando chegar ao topo. A vida passa rápido e se você não aprender a curtir o instante presente, quando menos esperar, se dará conta de que os filhos estão crescidos, os seus pais já estão em idade bem avançada, seu casamento não tem vivências extraordinárias a dois e a saúde, que não recebeu a atenção devida, agora é frágil, dificultando o usufruto do momento presente. Tudo isso aconteceu e você nem percebeu, já que estava muito preocupado em concluir tarefas sem-fim, atendendo a compromissos nem sempre necessários e cumprindo jornadas de trabalho que poderiam ser evitadas. Não só preocupado, mas muito ocupado, trabalhando sem olhar para o milagre que é estar vivo. Uma vida superocupada não quer dizer o mesmo que uma vida de sonhos realizados.

Se você não definir seu rumo agora e mudar seu modo de pensar, como estará sua vida daqui a um ano? E daqui a cinco anos? E dez? Trinta anos, então? Sabe, o ritmo frenético e acelerado de se viver, com tantos afazeres e responsabilidades, pode nos fazer achar normal estar sempre sob forte estresse e pressão. Acontece que o tempo escorre pelas mãos e o relógio, que nos acompanha ao longo da vida, mostra que o que se passou não volta mais – e não há nada que se possa fazer a respeito. Nosso tempo é o patrimônio que deve ser mais bem investido, por isso invista seu tempo em bons relacionamentos, em momentos de realização, em conhecer seu propósito de vida e o motivo pelo qual você foi gerado por Deus – e leve junto, nessa fascinante jornada, as pessoas que lhe são caras, mediante relações nas quais prevaleçam o perdão, a harmonia e o amor. Reescreva sua história pessoal por uma ótica positiva. Você e aqueles a quem ama só têm a ganhar com isso.

DA TEORIA À PRÁTICA

No último capítulo, você questionou e trouxe à mesa-redonda do eu, por meio de um autodiálogo, a experiência de ter um tempo consigo mesmo, encorajando, fortalecendo e provendo motivação à sua vida. Agora, reflita sobre as experiências mais desafiadoras e difíceis que já viveu até hoje. De que maneira pode usar a memória daquelas dores para trazer sentido à sua existência? Como você pode silenciar, dentro de si, aquela voz que apela para a autodestruição? Exercite agora sua visão de vitória sobre as crenças derrotistas, expressando, em aproximadamente 20 linhas, o que vai fazer com o que aconteceu em sua vida, dando novo sentido àquelas experiências que antes haviam lhe derrubado.

Inclua a definição de seu propósito de vida nessa história pessoal. Não se apegue a detalhes tristes ou limitantes, mas mantenha o foco na visão positiva, o motivo pelo qual Deus o colocou nesta Terra. Use expressões afirmativas que combatam suas antigas crenças limitantes — e declare que elas estão com os dias contados!

....
....
....
....
....
....

INSPIRAÇÃO NA TELA

O fazendeiro e Deus é um filme emocionante em que se revela a força da fé para que o ser humano viva uma profunda transformação. O fazendeiro Angus Buchan muda-se para a África do Sul com a família e lá sofre uma série de perdas que julga ser incapaz de superar. No entanto, uma sequência de acontecimentos o leva a abrir o coração para Jesus e a partir de então ele descobre o verdadeiro propósito da sua vida. Assim, tem início uma nova história, baseada na crença inabalável no poder da fé. Nutrir a própria identidade como Filho de Deus é o que faz germinar sementes cujos frutos se tornam visíveis quando chega a hora da colheita.

QR CODE

No QR Code a seguir, você vai tomar um banho de cachoeira que será também um banho de autoestima, levando sua mente a uma experiência de restauração de seu amor-próprio e reconexão com o seu propósito, o seu chamado. Para que este se concretize, é importante que você aprenda a se amar, se valorizar e se aceitar sem julgamentos. Um exercício para trazer à sua consciência sua identidade não apenas como criatura, mas como filho de Deus, alguém que veio a este mundo porque o Senhor desejou realizar lindos planos por meio da própria história de vida.

ESCANEIE-ME

CAPÍTULO 6

PERDOAR PARA VIVER EM PLENITUDE

Deixar para trás as mágoas e ressentimentos é uma decisão que precisa ser tomada e posta em prática.

EXISTE UMA JORNADA A SER CUMPRIDA. VOCÊ NÃO VEIO AO mundo por acidente, nessa trajetória chamada vida. Em sua caminhada, tenha consciência de que o lugar aonde se chega não é mais importante do que a maneira como se vai – e você não pode se iludir e pensar que vai alcançar o estado desejado sem ter um plano traçado. No entanto, para traçar semelhante roteiro, você vai ter que soltar as pedras que carrega e tirar de seus ombros o peso de ressentimentos e mágoas que tem arrastado consigo há tantos anos. Sim, estamos falando de perdão, essa decisão tão difícil, mas essencial para quem almeja viver em plenitude. Não apenas a realização de seus objetivos, mas também a saúde que vai ter nessa trajetória e o sucesso ou não da chegada ao objetivo têm tudo a ver com o peso que estiver levando. Sem curar as próprias feridas emocionais, você tem grandes chances de se tornar mais um daqueles que ferem os outros. Sim, pois só fere quem um dia foi ferido de alguma maneira.

Essas experiências traumáticas começam a entulhar a alma num lamaçal de rancor, ressentimento e falta de esperança.

Para viver em plenitude, é preciso escolher com sabedoria o que faz com seu corpo – cuidar do que come, do quanto de água bebe, da atividade física que pratica, da qualidade de sono que tem, enfim... Tudo isso é importante porque se relaciona diretamente com o nível de seus hormônios, os reguladores que geram resultados diretos em sua qualidade de vida. Se pensar bem, verá que suas práticas se tornaram hábitos por causa da repetição. Você já repetiu tantas vezes esse modo de comer, se exercitar e dormir que nem precisa se esforçar para fazer sempre do mesmo jeito, não é verdade? Afinal, essa é a maneira à qual você já está acostumado.

Do mesmo modo, a maneira pela qual você tem repetido sentimentos e pensamentos também influencia diretamente o caminho neural de suas escolhas. Para que novas escolhas se instalem, a fim de que você alcance resultados em seus objetivos com determinação e paciência, é preciso trabalhar com afinco e dedicação. A boa notícia é que a neurociência prova que é possível para a mente se transformar, seja qual for a sua idade. Embora o cérebro se consolide com a idade de 25 anos, ele continua se modificando – adaptabilidade chamada de "plasticidade cerebral" ou "neuroplasticidade",[*] que permite que o indivíduo, em qualquer fase da vida, seja capaz de mudar seus comportamentos por meio das alterações nos pensamentos e ações, que irão se transformar em novos hábitos.[**]

Como nós, seres humanos, repetimos caminhos neurais ao longo de nossa trajetória, eles acabam se tornando mais

---

[*] DRAUZIO. *Plasticidade cerebral* | *Artigo*. Disponível em: <https://drauziovarella.uol.com.br/drauzio/artigos/plasticidade-cerebral-artigo/>. Acesso em: 17 jul. 2020.
[**] CUMMINGS, Eleanor. 3 life-changing things that happen to the human brain at 25. *Inverse*, 06 jul. 2017. Disponível em: <https://www.inverse.com/article/33753-brain-changes-health--25-quarter-life-crisis-neurology>. Acesso em: 24 jul. 2020. SCIENTIFIC AMERICAN. *Roundup*: Train the Brain. 01 nov. 2011. Disponível em: <https://www.scientificamerican.com/article/roundup-train-the-brain/>. Acesso em: 24 jul. 2020. SCIENTIFIC AMERICAN MIND. *MIND Reviews: April/May 2007*. abr. 2007. Disponível em: <https://www.scientificamerican.com/article/mind-reads-2007-04/>. Acesso: 24 jul. 2020. DOIDGE, Norman. *The Brain That Changes Itself*: Stories of Personal Triumph from the Frontiers of Brain Science. Nova York: Viking, 2007.

enraizados, desenvolvendo vias preferenciais. Nesse caso, é mais difícil nos desprendermos deles. Você talvez perceba que todo o ressentimento que tem repetido mentalmente gerou impedimentos ou dificuldades de se abrir para muitas experiências que poderiam ter sido belas e significativas. Portanto, pense e reflita sobre quantos bloqueios foram ocasionados pela dificuldade de perdoar pessoas que lhe fizeram algum mal. E quanto àquela sua incapacidade de perdoar a si mesmo por algum erro cometido? É por isso que eu convido o ilustre leitor a, nesta etapa do tempo que temos passado juntos, se abrir para encarar esse tema, que tem absolutamente tudo a ver com a vida abundante que Jesus conquistou para nós.

Do ponto de vista médico, a ciência tem comprovado que a falta de perdão prejudica a saúde hormonal e causa sérios desequilíbrios, colaborando – e até mesmo sendo fator principal – para o surgimento de doenças diversas, desde as físicas (taquicardia, gastrite, câncer) até distúrbios mentais, como a depressão e a síndrome do pânico, uma ansiedade extrema causada pelo medo paralisante de viver, no futuro, uma tragédia, decepção ou outra ruptura emocional. A medicina moderna tem direcionado sua abordagem para o campo da mente e o quanto as emoções saudáveis (como o amor e a gratidão) trazem longevidade, ao passo que as negativas – como o ressentimento e o ódio – provocam doenças diversas. Na França, um neurocientista franco-português chamado Henrique Sequeira coordenou um grupo de pesquisadores franceses, em parceria com cientistas japoneses, que também tinham essa proposta: eles queriam constatar, medir e buscar provas mais contundentes sobre a força de unir corpo e mente para alcançar resultados médicos positivos muito mais

> O perdão não é algo que pode ficar apenas no íntimo. Ele tem de ser exteriorizado, trazido à tona.

rápidos e satisfatórios. O cientista esclareceu, com o desfecho de sua investigação, que quando sentimos uma emoção, positiva ou negativa, isso nunca será insignificante para o organismo.*

Nosso corpo é influenciado pelo que nossa mente pensa. É por isso mesmo que, seja qual for a causa da mágoa, se a pessoa consegue perdoar e ressignificar o sentimento que traz efeitos prejudiciais, é como se conseguisse elaborar uma nova "versão" daquela dor. Fizemos a prática dessa maneira de lidar com traumas no bônus oferecido por QR Code nos capítulos 2 e 3, e uma versão em que se trabalhará especificamente o perdão será disponibilizada a você no próximo capítulo. Augusto Cury, por meio de sua teoria multifocal, chama essa ressignificação de edição das janelas da memória.** É uma transformação tão poderosa que pode trazer cura! O processo impede os corticosteroides, que poderiam causar doenças, de destruírem a saúde do indivíduo.

Vivencie o perdão

Para crescer emocional e espiritualmente, vivenciar o perdão foi essencial e transformou meu modo de ser. No entanto, também tive que perdoar a mim mesma pelos meus erros, que tanto sofrimento me trouxeram, bem como para as pessoas que amo. Nesse processo, conheci a força da terapia com uma psicóloga que é também formada na metodologia do coaching, Larissa Miranda, e mergulhei de cabeça para aprender sobre desenvolvimento humano por meio de cursos, pós-graduações e especializações que me trouxeram visão e estratégias de transformação.

---

* RFI. *Saibam como as emoções (boas ou ruins) afetam nosso organismo*. Disponível em: <https://www.rfi.fr/br/ciencias/20190507-saiba-como-emocoes-boas-ou-ruins-afetam-nosso-organismo>. Acesso em: 17 jul. 2020.
** CURY, Augusto. *Inteligência multifocal*: Análise da construção dos pensamentos e da formação de pensadores. São Paulo: Editora Cultrix, 2012.

O perdão é o importante diferencial que nos conduz a uma vida com leveza. Se você entendeu a importância do perdão, mas não encontrava formas práticas de trazê-lo à tona, a ferramenta com a qual iremos trabalhar agora vai ajudar bastante nesse processo. O perdão precisa acontecer de maneira ativa, consciente, particular e intencionalmente emocional, para que haja edição de janelas traumáticas e rompimento de limites impostos pela própria mente, outrora oprimida.

A Palavra de Deus constantemente nos incentiva a verbalizar tudo o que é importante: quando entregamos a vida para Jesus; quando oramos; quando anunciamos a salvação e quando profetizamos bênçãos e milagres sobre nossa casa e família. Tudo isso é feito não como vãs repetições, mas de forma emocional, espiritual, ativa, profunda e, geralmente, de olhos fechados. Ao fecharmos os olhos, podemos renunciar ao cenário terreno para mergulhar na dimensão emocional e espiritual de nosso ser, conectando-nos a Deus com muita intensidade.

O perdão também precisa ser vivenciado pela palavra falada, de modo emocional e espiritual. O próprio Jesus o fez, naquele que era o momento mais difícil de toda a Sua existência terrena, quando morreu por todos nós. O Salvador sentiu intensamente cada palavra, verbalizando não apenas por voz, mas com o coração. Esse tipo de procedimento precisa nos nortear em como entrar nesse lugar sagrado de perdão dentro de nós. Sim, há poder quando nossos lábios verbalizam o que é edificante ou o que causa destruição – e a cada um de nós foi dado o livre-arbítrio para decidir como usar a palavra.

Em me emociono ao falar de perdão porque ele gerou a transformação profunda que funcionou para minha superação pessoal – e tem funcionado para centenas de milhares de pessoas que, pela superação das mágoas e dos ressentimentos, estão experimentando grandes revoluções na própria vida. Tenho levado essa mensagem de conscientização sobre o perdão a homens e mulheres de todas as idades, em diversos lugares do Brasil, e fico muito feliz pelo que vejo acontecer. Sim, o perdão é o "marco zero"

> Com o perdão, o passado ganha novo significado, o presente adquire uma leveza que o restaura e o futuro se enche de sonhos e esperanças.

para que Deus opere grandes curas. O passado ganha novo significado, o presente adquire uma leveza que o restaura e o futuro se enche de sonhos e esperanças.

Certa vez, no Rio de Janeiro, durante um desses momentos de verbalização do perdão, notei um jovem que devia ter cerca de 17 anos. Ele me chamou atenção porque começou a chorar muito; um choro compulsivo, entrecortado por soluços. Percebi que a mãe daquele rapaz estava ao seu lado, chorando também. Ao fim daquele momento de liberação do perdão, aquela mulher tocou no filho e o abraçou forte. Fiquei muito emocionada. Nessa hora, o rapaz chorou ainda mais e olhou para a mãe. Pude ver, pelo movimento dos seus lábios, que o que disse foi: "Eu perdoo você, mãe! Eu te amo!".

Presenciar aquela cena foi muito forte. Ao fim da reunião, a mãe e o filho vieram me agradecer. Ela compartilhou que, por muito tempo, o garoto tinha sido abusado pelo padrasto. Ele era uma criança e tinha medo de as ameaças se cumprirem, caso contasse a qualquer pessoa o que vinha sofrendo; por isso, o menino passou por tudo aquilo no mais absoluto silêncio. O casamento entre aquele homem e sua mãe havia acabado por outras razões, mas o rapaz a culpava por não ter percebido nada e por não o ter protegido. Com o tempo, o coração daquele garoto foi se enchendo de ódio e ressentimento. Em seus devaneios de desespero, ele até chegou a imaginar como poderia matar o padrasto.

O tempo se passou. Houve a separação e anos depois mãe e filho souberam que aquele homem havia sido assassinado numa briga de bar. No entanto, o que vieram compartilhar comigo foi que, mesmo depois de saber da morte daquele que o fizera sofrer tanto, o moço não conseguia superar o ódio que sentia. Ele entendia que precisava perdoar o agressor e também sua mãe, por não ter notado ou por ter fingido para si mesma que nada acontecia. Saber que é preciso perdoar, porém, não faz o perdão efetivamente se concretizar. Como nunca fora ensinado ao rapaz um modo prático de liberar esse perdão, aquela ferramenta veio para fazer toda a diferença. Foi só quando ouviu a própria voz dizendo ao seu coração e à sua mente que escolhia tomar a decisão de perdoar que aquele jovem sentiu como se toneladas de peso saíssem de sobre seus ombros. Ele, enfim, tivera uma experiência sobrenatural e estava pronto para seguir em frente, sem o fardo do que ficou para trás.

O perdão não é algo que pode ficar apenas no íntimo. Ele tem de ser exteriorizado, trazido à tona. Se é o seu caso, e se você precisa liberar perdão a si mesmo ou a alguém, é necessário falar, usando palavras que expressam isso, e se ouvir dizendo cada uma delas. Conseguir verbalizar é como um marco de mudança. A sua voz necessita sair; palavras têm de ser ditas — seja em breves sussurros ou em gemidos acompanhados por lágrimas, você tem de se ouvir determinando o perdão. Dessa forma, ele se torna um ato concreto, o símbolo da decisão profunda de deixar a mágoa para trás e seguir adiante. Muitos precisam verbalizar o perdão mesmo sem sentir, no coração, que conseguirão. Por isso mesmo, o perdão é possível mesmo quando não se tem vontade de liberá-lo. O seu nascimento é representado nesse verbalizar, no lançar-se emocionalmente a essa decisão e dar início a esse processo transformador.

Não fique paralisado se a mágoa ou a raiva vierem à tona. Assuma o quão desafiador é perdoar com tantos sentimentos

> O perdão nunca é tão poderoso para quem recebe quanto o é para quem o concede.

negativos que o vêm acompanhando ao longo do tempo, mas declare que não é impossível. Ao verbalizar o perdão de modo reflexivo, consciente, decidido e firme, com a compreensão de que ele também é expressão de sua fé e de sua obediência aos mandamentos do Senhor, algo sobrenatural acontece. O perdão é exatamente isso: uma decisão, e não apenas um sentimento. Perdoar não é esquecer; muito menos, uma espécie de lavagem cerebral com o objetivo de varrer para um canto da alma a dor sofrida e mantida. Perdão é libertação da força maligna, da emoção tóxica e maligna que adoece o ser humano. Carregar esse ressentimento é como levar consigo um defunto pesado e malcheiroso por onde quer que se vá. Não conseguir perdoar é condenar não apenas àquele que lhe fez mal – é, também, condenar a si próprio a uma vida de dor e ressentimentos. Não perdoar é arrastar o culpado para a morte e morrer junto a ele. O perdão nunca é tão poderoso para quem recebe quanto o é para quem o concede.

DA TEORIA À PRÁTICA

Antes da sua imersão neste momento poderoso, quero lhe pedir que acesse o QR Code a seguir, a fim de ouvir uma reflexão no formato de parábola. Isso vai reforçar a relevância de tratar esse assunto com muita dedicação e carinho.

Eu vou acompanhá-lo de modo virtual, porém, se existe alguém que você gostaria de pedir que esteja ao seu lado durante essa vivência especial, sinta-se à vontade para chamá-lo junto de si. Explique a essa pessoa que você gostaria de tê-la por perto, mas sem expectativa de aconselhamento ou qualquer tipo de feedback. Tudo o que ela fará é ficar ao seu lado e, ao final, se quiser, abraçá-lo, sem emitir julgamentos ou dar qualquer tipo de palpite. Caso você tenha a impressão de que ela não conseguiria deixar de expressar opinião, talvez seja melhor pensar se não é o caso de passar por esse processo apenas na companhia do Senhor Jesus.

Perdoar proporciona o encontro de uma nova forma de encarar a dor. Gostaria de indicar que o leitor entre no site www.biancapagliarin.com.br/eudecidiperdoar para ter acesso a essa estratégia espiritual que Deus preparou para você. Siga o passo a passo proposto, a fim de conseguir verbalizar a sua decisão de perdoar.

INSPIRAÇÃO NA TELA

Assista ao filme *O poder da Graça*, que traz a história do policial Mac e seu sofrimento após perder o filho num acidente. Seu ressentimento o fez afastar-se de Deus e da família, passando a viver amargurado e triste por dezessete longos anos, até que tudo se fez novo em sua vida a partir da decisão de perdoar. É uma poderosa e comovente história sobre o poder do perdão.

QR CODE

O termo *storytelling* (do inglês, *story* significa história; *telling*, contando), mais que uma mera narrativa, é a arte de contar histórias usando técnicas inspiradas em roteiristas e escritores para transmitir uma mensagem de forma inesquecível. Já ouviu falar dele? Eu achei intrigante a expressão se popularizar tanto no Brasil e no mundo como se fosse alguma novidade... Não estou diminuindo a importância dessa habilidade – todos precisamos aprender a contar histórias, porém, acredito que isso não pode ser encarado como algo novo, já que Jesus fez uso de parábolas ao longo de todo o Seu ministério e, como ninguém, impactou os ouvintes. E não foi à toa. Feito esse parêntese, gostaria de convidá-lo a acessar o QR Code a seguir. Uma história linda e emocionante espera por você.

ESCANEIE-ME

CAPÍTULO 7

PROTAGONISTAS DO PERDÃO

*Viver o perdão, na prática,
vai desbloquear sua vida.*

Os benefícios de superar essas infelizes questões do passado são diversos. A já mencionada autora Joyce Meyer escreve muito sobre como tratar das feridas da alma. É uma das minhas escritoras favoritas, entre outras qualidades, por abordar o poder terapêutico do perdão. Eis o que ela diz[*] sobre mágoas não superadas e ressentimentos que não são enfrentados e vencidos:

> *"Sentimentos negativos enterrados vivos nunca morrem."*
> Joyce Meyer

Além de Joyce Meyer, psicólogos, psiquiatras, neurocientistas, médicos, enfim... pessoas de diversas áreas têm dedicado suas vidas à compreensão prática de como é possível condicionarmo-nos a superar e ressignificar o passado. Suas

---

* MEYER, Joyce. *Managing Your Emotions*. Spoken Word. 1 álbum (3h 31 min). Disponível em: <https://music.apple.com/us/album/managing=-your-emotions-feat-joyce-meyer968442511/?at-1l3vwYf>. Acesso em: 27 jul. 2020.

descobertas revelam uma luz no fim do túnel e suas experiências, melhorias diversas para quem perdoa, como melhor noite de sono, aumento da autoestima, pressão arterial mais baixa, relacionamentos mais harmônicos e muito mais. A obra dos escritores, psicólogos e PhD Everret L. Worthington e Steven J. Sandage, *Forgiveness and Spirituality in Psychotherapy*: A Relational Approach [Perdão e espiritualidade na psicoterapia: uma abordagem relacional], é repleta de ferramentas que abordam a importância de se unir uma comunicação estratégica em busca de melhorar a maneira de lidar com algo sofrido do passado, e essas aplicações têm foco em ferramentas práticas para liberação do perdão.* Dentro de minhas formações como treinadora para inteligência emocional, aprendi técnicas práticas que são ensinadas pelo PhD Paulo Vieira em seus cursos presenciais, por exemplo, o Método CIS, curso de inteligência emocional que tive a alegria e o privilégio de estar presente como convidada da instituição FEBRACIS.**

Na vivência on-line que teremos em poucos instantes, assim que você acessar o QR Code a seguir, será direcionado para um momento importante para decisão emocional, racional e espiritual. Afinal, são duas alternativas: ou faz logo de uma vez o que tem que ser feito para desbloquear essas emoções que estão te afetando, ou você continua esperando ter vontade de perdoar. Ah, claro que sempre é possível esperar por um ataque alienígena que venha com armas secretas de última tecnologia que exterminam todas as mágoas e ressentimentos de uma vez por todas...

No capítulo anterior, tudo o que você leu veio para te mostrar sobre o papel vital do perdão. Vimos, igualmente, que perdoar não é apenas questão de sentimento ou emoção – embora

---

* WORTHINGTON, Everret L.; SANDAGE, Steven J. *Forgiveness and Spirituality*: A Relational Approach. Washington: American Psychology Association, 2015.
** FEBRACIS. A vida que você sempre sonhou tem data e hora para começar. *Método Cis*. Disponível em: <https://mcis.febracis.com.br/landingpage-metodo-cis-dominios/>. Acesso em: 28 jul. 2020.

sentimentos estejam envolvidos e emoções possam vir à tona quando se quer perdoar. O perdão é, sobretudo, uma decisão que envolve coragem, determinação e ousadia, por isso é para protagonistas, e não para vítimas. Ser protagonista é estar no palco principal da vida, compreendendo que o presente é efêmero e que cabe a cada um de nós assumir as decisões e mudanças que precisam ser empreendidas. A decisão essencial para hoje, que vai levar você a uma vida ser abundante, é a de perdoar aqueles que te fizeram mal, e isso inclui a si mesmo.

Acompanhei uma mulher que, embora muito inteligente, sofria de uma constante autossabotagem em diversas áreas da vida. Logo de cara, percebi que havia uma crença de falta de valor próprio, algo que desde a primeira aula veio à tona. Vinda de um lar humilde na infância, com pais que não souberam como conduzir a pressão de ter 4 filhos para criar e numa época em que havia pouquíssima informação sobre o impacto de se bater nos filhos, bem como de não lhes dar atenção, expressar aceitação e amor, sua criação foi muito prejudicial.

Quando menina, ela ouviu muitas palavras limitantes, como: "Você não merece. Você não será nada na vida". Além disso, vivenciou episódios de violência doméstica. Eu percebi, então, que aquela força interna que a empurrava para longe do que desejava viver tinha tudo a ver com essa vozinha interna que dizia que ela não era ninguém. A raiz do mal se conectava a essa comunicação problemática, porque foi a ânsia por sentir-se minimamente amada que a fez buscar preencher o vazio por meio de relacionamentos. Assim, ainda na adolescência, envolveu-se num romance de curta duração com um homem que, além de casado, era muito mais velho do que ela. Da relação, surgiu uma gravidez que só piorou as coisas. O amante a convenceu a fazer um aborto e disse que, se ela abortasse, eles poderiam ficar juntos; caso contrário, teria de deixá-la, a fim de evitar um escândalo que poria fim ao seu casamento e lhe prejudicaria a carreira. Para resumir a história, ela acabou tomando um abortivo, teve complicações, sofreu uma curetagem e quase perdeu a vida. O episódio, além de traumatizante, fez toda a família descobrir o que havia acontecido. Pressionada, ela foi abandonada pelo homem que a engravidou e entrou em crise pessoal profunda. Aquela moça, em decorrência de todo aquele vazio e desespero, caiu nas drogas, na promiscuidade e na devassidão sexual. No entanto, por intermédio de uma pregação, a Palavra de Deus a alcançou – e, pela primeira vez na vida, ela sentiu o amor. A partir daí, pela graça de Deus, passou por uma profunda transformação, entregou a vida a Jesus, largou o pecado e mudou de vida.

Porém, entenda: isso não é tudo o que faz a diferença. A mudança intensa precisa vir num nível que afete profundamente as emoções, a razão e o espiritual. Mesmo cristã, ainda havia essa sabotagem que a fez engordar muito depois da conversão, e seu corpo praticamente duplicou de tamanho, passando a ser alvo de uma constante raiva de si mesma, o que gerava ainda mais culpa, pensamentos limitantes, necessidade de anestesiar a dor, e mais comilança. Consequentemente, mais quilos e quilos e quilos.

Ela vivenciou a ferramenta do perdão, algo que também acontecerá com você por meio do áudio encontrado no QR Code ao fim do capítulo. Foi muito intenso seu verbalizar do pedido de perdão àquele bebezinho, bem como também declarar e anunciar de forma emocional e espiritual a decisão de perdoar aquela adolescente inconsequente e desesperada por amor. Perdoou e a abraçou, a aceitou. A amou.

> A pessoa mais beneficiada pelo perdão? Você!

O amor que não sentiu dos pais, o amor que não sentiu do homem que a convenceu a abortar, o amor que ela não pôde dar àquele bebê... tudo veio forte à tona. Foi intenso, emocionante, inesquecível, sublime.

Não foi nada simples, mas certamente foi a única alternativa que fez sentido e diferença para ela. Uma das várias transformações que vi acontecer em tempo recorde graças ao perdão como atitude. Aquela moça passou a sorrir mais, a se arrumar e, na semana seguinte, parecia ter rejuvenescido uns quinze anos, de tão leve que estava seu semblante. E até emagrecer ela emagreceu! Pude ver uma flor desabrochar. Entenda que tem hora que não é dieta! Não é apenas conversão! O perdão precisa ser liberado! Esse é o segredo que muda vidas. Chega de ressentimento, chega de desprezar sua história, chega de negligenciar sua essência, chega de se permitir alienar. O perdão vai transformar tudo em você.

Perdoar-se é fazer as pazes com o "eu" do passado e se libertar, momento em que o milagre acontece. Perdoar-se é necessário não apenas quando se age de maneira prejudicial por meio de algum comportamento autodestrutivo, mas também se a pessoa deixa de acreditar em si mesma. Pedir perdão para o eu do passado, perdoá-lo, agradecer o que viveu – porque até a dor pode ter algum sentido – aceitar-se, amar-se. Tudo isso é benefício que acompanha o perdão.

Sim, o perdão precisa ser extraordinariamente vívido e cheio de presença. É preciso olhar para a frente, sem dúvidas, para os objetivos no futuro, mas com o foco também em aproveitar cada detalhe do que se vive agora. Sem perdão, o passado é muito maior e mais penoso do que deveria ser. Quem não perdoa olha para trás com dor. É extremamente pesada a vida daqueles que não conseguem liberar o perdão. Tenho observado que muitos, de forma racional, procuram perdoar; todavia, em seus sentimentos e na sua alma, não alcançam essa libertação.

A nova e tão leve mentalidade desperta após viver esse perdão virá como um bálsamo milagroso sobre as feridas da alma. O melhor e mais lindo de tudo isso será perceber que você não apenas recebeu a cura, mas que agora tem a leveza e a força necessárias para levar a mensagem adiante, isto é, tirar mais pessoas de dentro da caixinha que é a triste vida de quem não vive o perdão. O nome disso é ressignificação. É você dando um novo significado ao que viveu, determinando que ter vivenciado o que passou teve um propósito: será parte da mudança que vai trazer para outras vidas.

O salmista, em diversos momentos, olha para dentro de si e contempla o mal que o pecado e a falta de perdão provocam em sua alma. Ele chega a mencionar sintomas físicos advindos do ressentimento, como se fosse uma doença insidiosa a corroer-lhe as entranhas e a tirar o brilho de sua vida:

Abençoado é aquele cuja transgressão é perdoada, cujo pecado é coberto. Abençoado é o homem a quem o SENHOR não imputa a iniquidade, e em cujo espírito não há malícia. Quando eu mantive o silêncio, meus ossos envelheceram por meio do meu bramido por todo o dia. Pois dia e noite tua mão foi pesada sobre mim; meu orvalho é transformado em seca de verão. Selá. Eu reconheço o meu pecado diante de ti, e a minha iniquidade eu não escondi. Eu disse: Confessarei ao SENHOR as minhas transgressões; e tu perdoaste a iniquidade do meu pecado. Selá. Por isto todos os que são piedosos orarão a ti, no tempo em que tu podes ser encontrado; certamente nas enchentes de grandes águas elas não chegarão até ele.
Salmos 32:1-6

DA TEORIA À PRÁTICA

Já vimos, em exercícios anteriores, a importância de se escrever sobre sentimentos, emoções, motivações e decisões. Comece então por escrever, trazendo clareza e definição sobre onde o perdão precisa operar seus efeitos poderosos.

1. Escreva sobre as consequências que são acarretadas quando não se consegue perdoar. Identifique pelo menos 5 prejuízos causados por mágoas e ressentimentos. Escreva livremente sobre o que pensa que poderia se relacionar a essa intoxicação na alma sob o ponto de vista de que muitas enfermidades mentais, emocionais, físicas, sociais espirituais têm ligação com a falta de perdão. Você não precisa ter certeza ou comprovação da relação causa e efeito (afinal, a maioria de nós é leiga no assunto), porque o que se busca é a consciência da possibilidade de o perdão ter gerado tantos problemas.

....
....
....
....
....

2. Sob essa ótica, pense em seu futuro conforme a realidade que vive hoje. Quais problemas você acredita que podem aparecer (tanto nos aspectos da saúde física quanto também mental, emocional e espiritual) se não liberar o perdão?

....
....
....
....
....

3. Escreva agora o que você precisa perdoar, de forma simples e objetiva, em poucas palavras. Evite remoer o que passou, porque não há

necessidade de fazer a ferida sangrar – ela certamente já sangrou o suficiente. Talvez, fique mais fácil conseguir completar essa descrição se você imaginar que está fazendo um resumo numa reportagem jornalística e seu tempo para descrever o ocorrido é de apenas trinta segundos. Para ir direto ao ponto em tão curto espaço de tempo, quais palavras usaria? Você só precisa ter clareza sobre qual foi a situação vivida ou injustiça sofrida, bem como erros ou pecados cometidos contra você mesmo e que hoje está decidido a abandonar. Então, o que você precisa perdoar?

....
....
....
....
....

4. Quem fez isso contra você? Quem você precisa perdoar?

....
....
....
....
....

5. Há quanto tempo você tem carregado esse peso?

....
....
....
....
....

6. É possível que, ao escrever, você também tenha sentido raiva de si mesmo, por ter sido ingênuo ou por ter se envolvido sem se dar conta. Pode ser que, seja por qual razão for, você tenha sentido que se permitiu perder tantas oportunidades ou que tenha se deixado paralisar. De todo modo, provavelmente, se chegou à conclusão de que o perdão é para todos que

fizeram mal a você, talvez também tenha de perdoar-se a si mesmo. Pode ser que seu nome precise estar listado entre aqueles que o fizeram mal. Sendo assim, escreva: de quais erros você precisa se perdoar? Em quais enganos você se envolveu e se prejudicou? Cite pelo menos 5 questões em que precisa liberar o perdão sobre si. Continue sendo objetivo, imaginando que você tem agora quarenta segundos para enumerar esses prejuízos.

....
....
....
....
....
....

A decisão de perdoar exige que você dedique alguns minutos para se conectar aos próprios sentimentos e trazer à consciência, com o máximo de clareza que for possível, o que o tem limitado e sequestrado seu desenvolvimento em alguma área da vida.

7. Decreto de identidade.
A minha nova identidade é livre do fardo que por tanto tempo carreguei e se expressa em 3 novas decisões e atitudes específicas que vão fazer parte dessa maneira mais leve de viver, a partir da vivência do perdão.
Hoje é dia ____/_____/_____ e, agora que sou uma pessoa liberta de toda e qualquer mágoa, ressentimento e ruminação do que sofri no passado, me decido a:

_____;
_____;
_____.

Essa decisão é pessoal, fruto de minha consciência e uma expressão poderosa do meu livre-arbítrio e da minha fé.
Assim já é! Em nome de Jesus,
Amém.
Assinado: _____

Parabéns! Algo extraordinário aconteceu, e quero que saiba que escrevo essas palavras com lágrimas de muita emoção e gratidão por poder fazer parte deste momento em sua vida.

INSPIRAÇÃO NA TELA

O filme *A cabana* traz o drama de um homem que vive a dor de perder a sua filha pequena, segundo tudo indica, num assassinato com provável violência sexual, porém, o corpo jamais é encontrado. O sofrimento o paralisa, mergulhando num profundo vazio e amargura interior, até que acaba vivendo um encontro inesperado: Deus lhe aparece e questiona a maneira que tem vivido sua vida, acompanhado do Filho e do Espírito Santo. Lembre-se do que eu te disse: somos à imagem e semelhança do Criador. Desapegue-se de rótulos e perceba que mensagem impactante que o filme revela sobre o valor da vida, sobre superar sofrimentos, sobre o perdão.

QR CODE

Siga as orientações encontradas no QR Code/link a seguir.

Depois do exercício de visualização do perdão, defina quais folhas deve dar um fim e quais vai manter consigo.

Lembrete — Fixe o aprendizado com a seguinte estratégia, para que essa leveza crie raízes e possa germinar:

Programe um despertador diário no seu celular para que nos próximos trinta dias reveja as decisões expressas no exercício 7. Leia de frente para o espelho, olhando-se nos olhos. Defina seu despertador agora mesmo. Não deixe para depois. A que horas você se dará dois minutinhos para si, diariamente, a fim de fortalecer a sua nova identidade?

Configure seu despertador para tocar inclusive aos fins de semana. Quando ouvi-lo soar, pare tudo e leia as suas afirmações, com presença e com gratidão. Simples assim.

CAPÍTULO 8

VIVENDO O PRESENTE

Alinhar suas atitudes com os seus valores traz cura para o descontentamento.

UMA DAS RAZÕES PELAS QUAIS MUITAS PESSOAS NÃO CONseguem mudar o rumo da própria vida é porque gastam tempo demais concentradas no passado, remoendo o que fizeram e não deu certo ou o que sequer tentaram realizar. Esse mal você já decidiu superar, por meio do perdão a si mesmo e àqueles que porventura tenham lhe causado males. Agora, você tem a oportunidade de contemplar o quão incrível é a vida no presente! De fato, vivemos o dia de hoje. O que passou e não pode ser mudado. Quanto ao futuro, podemos, sim, trabalhar e nos preparar para torná-lo melhor; no entanto, ninguém é capaz de prever tudo, simplesmente porque a vida não é um jogo de cartas marcadas, em que causas e consequências se sucedem como em fórmulas matemáticas. A vida, portanto, se vive agora! Você está disposto a encarar o estado atual?

Mesmo com alguns pontos no seu hoje que não estejam ainda como você quer, cada segundo é uma dádiva e é importante que o olhar lá para a frente não tire sua presença do momento atual. Com a fluidez e a força de quem não carrega mais um peso enorme nas costas, já é hora de enxergar, a partir deste ponto, não apenas quem você realmente é, mas também as mudanças que deseja realizar e quais objetivos de vida pretende alcançar, em altíssima velocidade.

Você se lembra da vivência que realizamos no nosso primeiro capítulo? Tem tudo a ver com o resgate que você irá realizar agora. Então, respire fundo e vá acompanhar on-line, pelo QR Code, na prática, um passo a passo para esse exercício. Essa é uma maneira rápida e eficaz para você rapidamente enxergar maneiras de alinhar o que já é com o que deseja ser daqui para a frente. Para ter clareza quanto ao que deseja viver, é fundamental conhecer quais valores regem sua maneira de enxergar a vida. Proponho, portanto, uma antecipação da atividade que encerra cada capítulo, a fim de facilitar a sua conscientização. Observe a lista a seguir e elenque, por ordem de prioridade (de 1 a 22), o que é importante para você. Essa ordem deve ser escrita na parte da tabela que vamos chamar de "Meu ideal de valores". Atenção: talvez alguns itens não sejam classificados como importantes quanto ao termo "ideal", porém, mesmo assim, é essencial atribuir um número a eles. Se não considera importante determinado elemento, coloque-o em último lugar, na posição 22. Assim, registre na tabela uma ordem acerca de como você tem vivido suas prioridades, preferências e relacionamentos. Na posição 1, defina o que mais tem sido o "dono" do seu tempo e do seu foco, e assim por diante.

VALORES	MEU IDEAL DE VALORES	MINHA REALIDADE ATUAL
Vida com Deus/Crescimento espiritual		
Casamento		
Tempo em família (filhos + cônjuge, todos juntos)		
Filhos		
Tempo de comunhão na Igreja		
Crescimento profissional		
Trabalho (rotineiro)		
Parentes (pais, irmãos etc.)		
Desenvolvimento intelectual		
Séries, novelas (Netflix, HBO etc.)		
Redes sociais (Facebook, Instagram etc.)		
WhatsApp		
Lazer		
Amizades		
Organização do lar		
Viagens		
Tempo para cuidar de mim		
Servir		
Saúde		
Beleza		
Alimentação		
Fama		

Atenção: agora se concentre e, com muita honestidade, reflita sobre como tem vivido seu dia a dia. O que tem tomado mais o seu tempo? Defina como você tem usado seu tempo na prática. Finalmente, compare o que tem vivido e o que considera mais importante em sua vida. Existe muita diferença entre o que você considera, na teoria, o mais importante e o que você tem feito com o seu tempo na prática?

O objetivo dessa reflexão é melhorar seus comportamentos. Se a distância numérica entre o que é importante e o que você tem vivido é muito grande, esse tema provavelmente está lhe trazendo descontentamento. Veja a seguir um exemplo trazido à luz numa sessão de mentoria com uma aluna do curso particular de inteligência emocional, racional e espiritual:

VALORES	MEU IDEAL DE VALORES	MINHA REALIDADE ATUAL
Vida com Deus/Crescimento espiritual	1	13
Casamento	2	14
Tempo em família (filhos + cônjuge, todos juntos)	3	15
Filhos	4	12
Tempo de comunhão na Igreja	8	21
Crescimento profissional	9	5
Trabalho (rotineiro)	10	6
Parentes (pais, irmãos etc.)	5	7
Desenvolvimento intelectual	14	16
Séries, novelas (Netflix, HBO etc.)	19	8
Redes sociais (Facebook, Instagram etc.)	21	1
WhatsApp	20	4
Lazer	17	10
Amizades	12	20
Organização do lar	16	2

VALORES	MEU IDEAL DE VALORES	MINHA REALIDADE ATUAL
Viagens	15	9
Tempo para cuidar de mim	11	19
Servir	6	22
Saúde	7	18
Beleza	13	17
Alimentação	18	3
Fama	22	11

Este é um exemplo de diferença gritante. Essa pessoa estava viciada em remédios para dormir e não conseguia enxergar uma relevante razão de existir, um propósito específico. Seus dias eram sem brilho, sem cor, sem vibração. Desesperada, ela só não acabava com a própria vida porque tinha uma família que a amava; porém, a morte era um pensamento recorrente, e ela chegava até mesmo a pedir a Deus que a levasse.

Suas escolhas serão mais fáceis com conscientização de prioridades

Nos dias de hoje, um número enorme de pessoas está vivendo dessa maneira. É gente que dedica tempo enorme a amenidades que não lhes trazem nenhum benefício, como conversas banais via WhatsApp, programas de TV que nada acrescentam, comida em demasia e busca por prazeres transitórios que podem satisfazer momentaneamente o corpo, mas que não trazem alegria genuína à alma. E tudo isso porque uma vida que não contempla os valores pessoais é uma existência vazia e sem sigificado. Viver assim é existir sem um propósito. É sentir aquela apatia e falta de motivação, bem como uma insatisfação existencial cuja origem não se consegue compreender com clareza – mas ela está lá, perturbando a alma como uma goteira ininterrupta, a despejar gotas de infelicidade o tempo todo.

Muitos que padecem com a depressão poderiam melhorar rapidamente se, simplesmente, levassem uma vida em alinhamento com seus valores. Alinhar suas atitudes com os seus valores traz cura para o descontentamento.

> Encha-se de coragem e reflita, com honestidade, sobre em que lugar se encontra cada questão essencial de sua vida em sua escala de prioridades.

No caso analisado, aquela mulher enfrentava enorme descontentamento porque, embora considere, na teoria, seu casamento a segunda coisa mais importante de sua vida, estava deixando a vida conjugal, na prática, em 14º lugar! Outra evidência que revela – e até explica – os pensamentos de morte, confusão e falta de ânimo dela. Na mesma tabela, ela considerou que a alimentação deveria estar em mero 18º lugar – porém, na prática, passava tempo demais comendo, talvez até mesmo como maneira de lidar melhor com o quão distante estava sua realidade daquilo que mais lhe traria felicidade. Em alguns casos – e sei disso por experiência própria –, a comida vira um vício tão prejudicial quanto o álcool ou as drogas. Aliás, se você é usuário de drogas ou bebidas alcoólicas, pode também acrescentar esse tópico à sua tabela de prioridades. Portanto, encha-se de coragem e reflita, com honestidade, em que lugar se encontra cada questão essencial de sua vida em sua escala de prioridades.

Quando minha aluna enxergou o que estava fora do lugar e começou a colocar a casa da própria vida em ordem, iniciou-se uma sucessão de benefícios. Primeiramente, passou a reduzir cada vez mais a dose de medicação que usava para conseguir dormir; hoje, ela não depende mais de qualquer substância para ter uma noite tranquila. Essa professora do

Ensino Fundamental havia sofrido um grande baque ao se apos entar, porque estar com os pequeninos era algo que a enchia de vitalidade. E toda vez que eu a questionava sobre estar com crianças, ensinar e trazer para as novas gerações de professores o comprometimento e o amor pela missão de educar, ela se emocionava. Eu vi nisso o lugar em que era precisoestimular suas mudanças; e, nessa busca por trazer à superfície o que verdadeiramente a faz sentir-se plena, ela percebeu que sua alma gritava para que fizesse algo em favor do próximo, alinhando da melhor maneira seu servir.

Essa mulher tinha um coração de professora e não haveria aposentadoria que lhe tirasse o amor pelo trabalho, por isso, numa determinada semana, algo aconteceu e ela não apenas passou a visitar semanalmente algumas creches, onde brincava com crianças e contava histórias durante tardes inteiras, como ainda começou a escrever um livro sobre a responsabilidade de ensinar. Ela está prestes a lançar um e-book on-line e eu estou convicta de que irá despertar em muitas pessoas o anseio por encontrar a beleza, o valor e a importância do trabalho de ensinar os pequeninos. O fato de estar tão ocupada a libertou da obsessão pela comida, e ela passou a se relacionar melhor com seu amado e familiares. Todas essas fichas caíram após uma ferramenta tão simples, mas tão esclarecedora. Claro que a minha aluna poderia não ter feito nada com as descobertas e o aprendizado desse exercício, mas entendeu que o preço seria alto demais a pagar – muito além do valor investido nas sessões de coaching. Qual o preço de uma vida desperdiçada? Depois que arrumou tudo e pôs a vida em ordem, ela aprendeu a sonhar acordada, visualizar proficamente seus sonhos e colocar seus planos em ação.

Ministrei essa ferramenta, certa vez, em uma palestra direcionada a cerca de 100 pais e responsáveis por crianças. Foi tremendo vê-los compreender o que estavam fazendo consigo mesmos e com seus filhos! Muitos vieram compartilhar a importância do que haviam aprendido, enfatizando que aquele olhar fez total diferença em sua vida familiar. Aquelas pessoas perceberam que, na teoria, considerariam seus pequenos tesouros o primeiro, o segundo ou o terceiro lugar na vida, por ordem de importância; porém, na prática – e a tabela lhes mostrou isso –, estavam colocando seus filhos e menores por eles cuidados em posições subalternas, do décimo lugar para baixo. Houve até quem se desse conta deque o item "filhos" acabou na vigésima posição, depois de trivialidades como redes sociais, séries de TV ou tempo despendido no WhatsApp. Que oportunidade especial e imperdível foi ajudar a mudar aquela situação! Conhecer a verdade, por meio de uma reflexão séria e responsável sobre a própria vida, tem um valor imensurável.

Sugiro que você pegue esses valores e os imprima na ordem ideal, mande plastificar e coloque em sua carteira. Se preferir, acesse no site a ferramenta pelo QR Code no fim deste capítulo e preencha com sua visão do que lhe é verdadeiramente importante. Assim, sempre que estiver inseguro quanto a uma decisão a ser tomada ou uma prioridade a ser estabelecida, consulte a sua ordem ideal e perceba que suas escolhas ficarão mais claras e muito mais fáceis de serem feitas a partir da conscientização que você teve.

> Conhecer a verdade, por meio de uma reflexão séria e responsável sobre a própria vida, tem um valor imensurável.

A seguir, você vai direcionar seu olhar aos sonhos, porque agora, consciente do que realmente é mais importante em sua vida, pode configurar seus planos com maior clareza. Talvez, com o olhar sobre seus valores, você entenderá que pode reorganizar seu dia a dia de maneira mais produtiva, a fim de que seus valores sejam contemplados. Só assim será possível alcançar a tão desejada plenitude. E, acredite, ela é possível e está ao seu alcance!

DA TEORIA À PRÁTICA

Neste capítulo, já realizamos o exercício, preenchendo a ordenação de valores. Contudo, como a nossa vida é dinâmica, sugiro que, a cada período preestabelecido (a cada mês ou trimestralmente, por exemplo), você imprima outra tabela e refaça o preenchimento. É bem provável que a ordem de prioridade dos itens seja alterada, e é bom que seja assim. Depois de um período maior (após um ano, por exemplo), compare as diferentes tabelas e observe o que tem mudado em sua vida. Estou certa de que você se congratulará pelo resultado!

INSPIRAÇÃO NA TELA

Dois homens com histórias diferentes encontram-se num momento que os torna iguais: a proeminência da morte decorrente de um câncer em estado terminal. Dois ícones do cinema se encontram no filme *Antes de partir,* que traz uma reflexão que nos direciona a ponderar como temos vivido nossa vida.

QR CODE

Visita emocional em sua festa de 90 anos

Vamos para uma festa? No QR Code abaixo, você vai ter acesso gratuito a uma vivência de atenção plena em que poderá visitar, com a sua mente e suas emoções, uma linda festa — a sua comemoração de 90 anos de idade! A partir desse ponto de vista, poderá também identificar o que deseja que seja diferente daqui para a frente. Vamos, então, aproveitar essa comemoração imperdível?

ESCANEIE-ME

CAPÍTULO 9

SIMPLESMENTE... COMECE!

Determine de que maneira o sonho pode se transformar em realidade, faça dele seu objetivo e estabeleça metas estratégicas para atingi-lo.

*Pare de esperar condições perfeitas.
Entrar em ação e viver em abundância
é para quem age em situações imperfeitas.*

COMO É SE DAR CONTA DO QUÃO FORA DA CAIXINHA VOCÊ já está? Quantos começam livros e não prosseguem até a conclusão, quantos param pela metade do caminho... Quantas vezes você foi essa pessoa parando no meio? Sinta a gratidão por estar onde está, por ter o que tem e, principalmente, por ser quem você é.

O autoconhecimento da ferramenta trabalhada no capítulo anterior empurra as fichas para que caiam rápido, o que é ótimo. Ruim seria se você só se desse conta de que deu atenção ao que não tinha a menor importância quando já não tivesse mais como mudar nada. Você pode! Que preciosa oportunidade. Aproveite!

Começamos essa jornada pensando em sonhos, mas não faria sentido ficarmos concentrados em uma lista de metas e objetivos e na elaboração de um plano de ação tendo um monte de coisa improdutiva e entulhada para ser removida. Se fosse tão simples realizar metas apenas a partir de fórmulas e concretizar sonhos mediante a aplicação de metodologias, não haveria tanta gente frustrada no mundo. A falta de perdão, de identificação de crenças limitantes e de clareza quanto ao seu propósito de vida obstrui sua visão e impede seu caminho na direção certa. Essa limpeza é fundamental porque também o faz entender que não se pode viver os sonhos de outras pessoas, muito menos deixar para depois o que o faria feliz hoje. Afinal, a vida passa rápido demais.

Agora que você, leitor, se conscientizou acerca do que realmente importa, é necessário se abrir para seus sonhos, em alinhamento com o que é relevante para você. O que deseja viver daqui em diante? O que quer vivenciar com sua família? Que tipo de lugar você gostaria de conhecer? Como seria a sua vida conjugal se tivesse um casamento inabalável? O que consideraria como relacionamento ideal com seus filhos, pessoas da família que vivem em sua companhia e demais parentes? Você tem amigos mais chegados do que irmãos, pessoas que verdadeiramente o conhecem, com quem pode contar? O que o inspira? O que você admira nos outros? Quem você quer ser daqui a vinte anos? Todas essas questões são relacionadas aos seus sonhos. Fomos feitos para sonhar, e nossa mente funciona exatamente para isso – e não é à toa, pois, sem sonhos, a vida perde a graça, fica apática. Uma pessoa que não sonha acaba se tornando negativa, resmungona, azeda, infeliz. Os sonhos enchem de cor e de vida nossos dias neste mundo.

Seus sonhos são sua visão para o próprio futuro. Sonhar e se enxergar nesse futuro, vivendo essas realizações, é olhar para o seu amanhã com os olhos do coração e da mente. Deus entregou ao ser humano a capacidade de transformar esses sonhos numa espécie de fotografia mental: uma visão específica, uma imagem de futuro. Iremos abordar, mais à frente, a questão de visualizações positivas e proféticas de seus sonhos, mas o convite que quero lhe fazer agora é para enxergar esse sonho e defini-lo em palavras. Você vai escrever para que se lembre dessa definição – mas, antes de fazê-lo, leve em consideração as questões a seguir. Isso é importante para não acabar colocando seu foco em algo que nem é seu sonho verdadeiramente. Vamos lá. Primeiro, ao pensar sobre esse sonho, reflita como seria caso acontecesse. É um sonho possível de ser realizado, de acordo com sua realidade? Dá para colocar seu foco nele? Desde o seu hoje, seria possível traçar um plano desafiador? Haveria um caminho rumo à realização, num passo a passo de ações, ainda que ousadas, incomuns e intrigantes?

Importante: esse sonho depende apenas de você? Atenção: seu sonho não pode ser realizado por outra pessoa – para ser efetivamente um sonho, ele precisa depender apenas de suas ações. Você pode até desejar algo para alguém, orar por isso, mas não pode realizar seus sonhos por meio dos outros. Por exemplo: você pode desejar que seu filho seja médico, mas não pode ter isso como seu sonho de vida. Caso contrário, o que fará se ele simplesmente não quiser seguir essa profissão? E se ele desejar se tornar músico, engenheiro ou militar? Entenda: seu filho será médico se quiser e caso esteja disposto a empreender os esforços necessários para isso. O sonho de seu filho, seja qual for, depende dele, e não de você.

Consciente de que o sonho tem que ser seu, quero desafiar você a dar uma pausa na leitura e olhar para seu interior agora, refletindo sobre seus sonhos. Use o tempo que for necessário, mas permita-se uma reflexão honesta e ousada que produza uma lista de pelo menos 5 sonhos seus. Depois, preencha os espaços reservados a eles:

1) ....
2) ....
3) ....
4) ....
5) ....

Agora, pense em como transformar esses sonhos enumerados em objetivos claros, capazes de empurrá-lo para fora da zona de conforto, vencendo o vitimismo de culpar a tudo e a todos por seus erros e frustrações. Já vimos, nesta obra, como o medo pode deixar de ser saudável quando se torna paralisante, dominando nossa vida e embotando nossas ações. Não podemos controlar o resultado final, mas é possível, sim, controlar os pensamentos e as atitudes que nos aproximam ou nos afastam dos objetivos. É ter o olhar com determinação e entender que realizar sonhos exige dedicação, foco e humildade para estar sempre em constante aprendizado.

Quando conheci o famoso escritor, empresário e mentor Carlos Wizard, empreendedor de sucesso que fez de sua história um legado de sucesso, tive dele excelente impressão. Ele me deu a honra de me conceder uma entrevista ao meu programa de rádio e canal de YouTube. Pude ver, diante de meus olhos, um homem de mais de 60 anos com muita energia e experiência, extremamente focado e com enorme sede por aprendizado, mesmo já tendo conquistado tanta coisa. Wizard veio aos estúdios acompanhado de sua professora de... chinês! Eu fiquei verdadeiramente impressionada e até mesmo envergonhada de procrastinar tanto minha meta

> Os sonhos enchem de cor e de vida nossos dias neste mundo.

de melhorar a fluência em inglês. À minha frente estava um dos homens mais bem-sucedidos do Brasil, que certamente não teria dificuldade alguma em se valer de intérpretes no caso de eventuais conversas ou negócios com chineses.

Ao mesmo tempo, fiquei pensando em seu foco não apenas voltado para si mesmo, mas que olha para pessoas em situação de extrema vulnerabilidade, como os refugiados venezuelanos – e o faz de maneira direta, não somente enviando doações em dinheiro ou outros recursos, porém, a ponto de morar (é isso mesmo) em Roraima, na fronteira com a Venezuela, a fim de acompanhar de perto o drama humanitário de nossos vizinhos sul-americanos. Por essas e outras, entendi o porquê de aquele homem, que construiu um verdadeiro império nas áreas de educação, alimentação e serviços, ter se tornado alguém tão relevante em nossa nação e no mundo. Uma vida com propósito, com responsabilidade, fé e dedicação, que cumpre seu chamado nesta existência em ações efetivas e grandiosas de amor ao próximo.

Vença o medo de não dar conta de errar e de perder tempo ou dinheiro. Quando você ousou sonhar e escreveu aqueles 5 sonhos anteriormente, talvez sem perceber, já estava definindo alguns de seus objetivos de vida. Isso porque os sonhos são visões imaginadas, e mesmo que ainda estejam só em seu pensamento, é possível sentir o quanto carregam emoções e representam seus desejos. Quando você escreve o sonho, mira o seu olhar na visão, na fotografia mental, e traz para a realidade a definição do que seria a manifestação real dele.

O próximo passo é delimitar de que maneira pode transformar o sonho em objetivo e estabelecer metas estratégicas para atingir o resultado desejado. Para que a diferença entre sonho, objetivo e metas seja mais clara, veja a seguir um exemplo de como definir metas significa elaborar as atitudes para realizar seu objetivo.

Sonho: Conhecer o Japão e ministrar a Palavra de Deus com o foco no perdão como atitude e propósito de vida em 10 congregações.

Objetivo: Ir para o Japão em maio de 2025.

Meta 1: Pesquisar pacotes de viagem para o Japão; verificar quais são as cidades mais importantes e quais as que mais interessam, bem como o custo de hospedagem, transporte e alimentação nessas localidades. Assim, você terá uma ideia de quanto precisará economizar para ir.

Meta 2: Definir como dispender esse recurso sem prejudicar outras despesas fixas e essenciais (moradia, educação, alimentação, transporte etc.) e iniciar essa estratégia.

Meta 3: Incluir essa viagem em suas orações matinais e antes de dormir, com gratidão por confiar que, além da realização do objetivo, Deus ainda abrirá portas para que você possa ministrar palestras e falar de perdão, de amor ao próximo e de propósito de vida na Terra do Sol Nascente, a partir de agora.

Meta 4: Abrir uma conta de poupança e depositar R$ 500,00 por mês a partir de abril de 2020 até a viagem.

Meta 5: Estudar inglês e japonês, assistir a séries nesses idiomas e praticá-los, na medida do possível, até a data da viagem.

Meta 6: Renovar o passaporte a fim de que esteja válido na data da viagem.

Meta 7: Conversar com pessoas que foram ao Japão, a fim de conhecer melhores agências e dicas para a compra da viagem.

Meta 8: Comprar o pacote de viagem em maio de 2024.

Meta 9: Montar um roteiro de viagem em dezembro de 2024.

Meta 10: Fazer contato com pessoas que têm parentes no Japão, os quais podem ajudá-lo na aproximação com a comunidade cristã em Tóquio e outras cidades daquele país, a partir de maio de 2020.

Meta 11: Em maio de 2020, montar seu mural com fotos do lugar para onde vai.

Meta 12: Gravar um vídeo da visualização profética do objetivo em maio de 2020.

Meta 13: Exercitar a fé, com a visão profética dessa meta alcançada de maneira extraordinária, a partir de maio de 2020.

#PartiuJapão05/2025

Fico surpresa como, depois de estarmos no caminho para que aquele plano se realize, as coisas começam a acontecer numa velocidade nunca antes imaginada. Vou compartilhar, mais à frente, alguns testemunhos muito especiais, com objetivo de impactar sua fé e sua visão da importância de ter clareza sobre seus sonhos, objetivos e metas.

Do ponto de vista espiritual, creio que as surpresas em alta velocidade acontecem porque o Criador se agrada de nosso empenho em fazer o que está ao nosso alcance. Sim, Deus aprecia filhos que não se acomodam e não se prendem a mentalidades negativas ou a zonas de conforto, esperando que algo aconteça – mas sem fazer nada para que, efetivamente, venham a acontecer.

Fomos feitos para bater metas

Fomos feitos para bater metas! A Palavra de Deus é repleta de exemplos disso. Saulo, por exemplo, tem uma visão específica sobre o que deve fazer e se transforma no grande apóstolo Paulo, que escreveu a maior parte do Novo Testamento e teve papel decisivo no surgimento do Cristianismo. Noé, por sua vez, recebeu do Senhor a incumbência de construir uma arca para salvar a humanidade com medidas e materiais específicos, capazes de acomodar sua família e as diferentes espécies animais que levou consigo. O grande líder Moisés, que conduziu o povo de Israel pelo deserto, construiu um tabernáculo, espécie de templo itinerante, de acordo com especificações recebidas diretamente de Deus, mantendo viva a presença do Senhor no meio de seu povo durante aqueles difíceis anos de peregrinação pelo deserto. Todos eles tiveram metas específicas e trabalharam para concretizá-las.

A mente humana se relaciona bem com metas, portanto pense nelas como os passos do seu percurso rumo ao seu objetivo realizado com plenitude. Um estudo feito por pesquisadores de Harvard entre 1979 e 1989 demonstrou o poder de uma visão definida do futuro e o quanto a ter na forma de metas por escrito pode fazer toda a diferença. Em 1979, os especialistas perguntaram aos formandos do programa de MBA se eles tinham algo definido para o próprio futuro. Perguntou-se àqueles estudantes, ainda, se seus objetivos estavam registrados e se possuíam um plano de ação definido com clareza das metas para concretizá-los. Dentre os formandos daquele ano, 84% responderam que não; 13% tinham metas, porém, não as haviam escrito nem elaborado um plano a esse respeito; e apenas 3% dos jovens formandos possuíam metas claras e as registraram por escrito.

Dez anos depois, em 1989, os pesquisadores entrevistaram os ex-alunos, já adultos e inseridos no mercado. A pesquisa aferiu que aqueles mesmos 13% obtiveram mais sucesso do que os que não tinham qualquer visão para o futuro. No entanto, a grande surpresa veio ao perceber os 3% que as haviam escrito e traçado um plano para alcançá-las estavam, em média, 10 vezes mais bem-sucedidos financeiramente do que seus ex-colegas de classe. Além disso, demonstravam muito mais felicidade e realização em todas as áreas da vida do que os outros 97% juntos!*

Como a pesquisa de Harvard mostra, o fato de ter metas claras é muito importante. Uma das conclusões é a de que, quanto mais clara é a sua meta, mais provável é que seu objetivo seja atingido. Deixar um sonho apenas como um

Fomos feitos para sonhar, e nossa mente funciona exatamente para isso – e não é à toa, pois, sem sonhos, a vida perde a graça, fica apática.

---

* CATHO. *Por que planejar é tão importante?* Disponível em: <https://www.catho.com.br/carreira-sucesso/colunistas/convidados/por-que-planejar-e-tao-importante/>. Acesso em: 17 jul. 2020.

pensamento impreciso é a forma mais rápida de se frustrar – e muito!

Acompanhe, agora, o passo a passo da realização de sonhos.

- **Primeiro passo** – Sonhar e acreditar que é possível realizar.
- **Segundo passo** – Definir uma data em que deseja realizar esse sonho, dentro das suas possibilidades.
- **Terceiro passo** – Transformar os sonhos em objetivos, estabelecendo grandes marcos dentro do espaço desejado para sua realização.
- **Quarto passo** – Tornar seus objetivos metas menores, construindo um roteiro específico, mensurável e realizável.
- **Quinto passo** – Colocar tudo no papel, por escrito, e manter esse registro em local visível, a fim de manter o foco.
- **Sexto passo** – Alimentar sua fé por meio da visão profética, com visualização e orações constantes.
- **Sétimo passo** – Persistir até que os sonhos, que viraram objetivos, venham a acontecer. Para isso, é essencial trabalhar sua mentalidade, a fim de que ela não seja sua pior inimiga, sabotando os próprios planos com crenças limitantes os chamados sabotadores internos (tema que veremos mais à frente).

E já que metas fazem sonhos se tornarem reais, que tal usar uma metodologia inteligente e eficaz? O método SMART, criado por Peter Drucker – conhecido como o pai da moderna gestão de empresas –, possibilita que transformemos metas em... metas.* Alvos definidos e conhecidos devem atender a

---

* ADRIOLO, Felipe. Método SMART – Como utilizar esta poderosa ferramenta nos seus objetivos. *Administrador.com*, 2017. Disponível em: <https://administradores.com.br/artigos/metodo-smart-como-utilizar-esta-poderosa-ferramenta-nos-seus-objetivos>. Acesso em: 17 jul. 2020.

quesitos que são explicados em cada uma das letras da palavra *smart*, vocábulo que, em português, significa *inteligente* ou *esperto*, e não à toa, porque tem absolutamente tudo a ver com inteligência e perspicácia de que precisamos para realizar nossos objetivos.

Muita gente pensa que ter metas claras é dizer que quer emagrecer, adquirir um carro novo ou mudar de casa. Outros associam a ideia à coragem para sair pelo mundo, mudar de carreira ou, simplesmente, viver melhor com o cônjuge. No entanto, essas não são metas, mas desejos ou sonhos.

Uma meta, para merecer efetivamente tal nome, tem que ser *smart*, obedecendo aos seguintes critérios, definidos em um acróstico, a partir do vocábulo em inglês:

- *Specific* (**específico**) – Tem a ver com o que, exatamente, você vai fazer para alcançar aquele objetivo. Escreva, de maneira direta e nada subjetiva, o que você quer. Essa definição não deve deixar espaço para lacunas.
- *Measurable* (**mensurável**) – É a maneira pela qual você vai poder medir a evolução e o andamento de sua meta, de forma objetiva, em números. Ao acompanhar o desenvolvimento do que planejou para alcançar a meta, você pode entender se sua estratégia está funcionando ou se é preciso um ajuste no plano de ação.
- *Achievable* (**atingível**) – Sua meta tem que ser ousada e desafiadora, mas sem deixar de ser realista. Tenha certeza de estar planejando algo viável, que pode ser alcançado, mesmo que por meios pouco convencionais ou ousados. Assim, tornar-se um astronauta e ir a Marte, ser o melhor jogador de futebol do mundo ou a mais bela mulher do planeta são coisas que dependeriam de tantos fatores, acessos e oportunidades que, certamente, não estão ao seu alcance. O sonho tem que ser atingível,

algo que dependa de esforço, preparo, fé e motivação de sua parte.

- *Relevant* (**relevante**) – Sua meta tem a ver com o seu propósito de vida? Por que fazer isso é importante para você? Qual o impacto de conseguir isso na sua satisfação pessoal e no cumprimento de um propósito de sua existência? Essa meta é importante para sua autoestima e tem ligações com seu futuro? Certifique-se, antes de tudo, de que não está fazendo algo para "dar o troco" em alguém, pois esse tipo de postura é a fórmula certa para paralisar o sonho na primeira dificuldade – além do fato de que não é a motivação adequada para realização, seja do que for.
- *Time-based* (**baseado no tempo, com prazo definido ou data para acontecer**) – Se você não estabelecer um prazo razoável e realista para consecução de sua meta, grandes serão as chances de a procrastinação ganhar esse jogo. No entanto, não escolha prazos curtos ou longos demais.

Ao se definir uma meta com critérios como esses, é necessário parar para pensar. Repare que aquilo que antes estava nebuloso adquire maior clareza. Quando se escreve com esse olhar que nos direciona a agir, nos damos conta de que as coisas não acontecem como num passe de mágica. O sucesso de seu projeto e o alcance de seu objetivo dependem de sua disposição em abdicar de pequenos e grandes prazeres pelo tempo necessário, seja ficar na cama até tarde, comer aquela massa suculenta no jantar, passar madrugadas assistindo a séries de TV, engatar longas conversas na rede social, ir à praia e tomar aquela cervejinha no fim de semana... Fica claro que existem decisões para manter a constância e o ânimo – afinal de contas, você se comprometeu com um prazo delimitado para aquela meta. É assim que verá quais comportamentos improdutivos devem ser substituídos por novos hábitos, mais coerentes e com mais benefícios, a fim de alcançar o resultado esperado. Transforme, agora, seus sonhos em metas SMART.

No meu site, www.biancapagliarin.com.br/minhavidasmart, você tem acesso a essa ferramenta, da qual pode fazer o download a fim de imprimir quantas cópias quiser e precisar. Lá, também disponibilizo todos os exercícios que fazemos aqui em PDF, para você baixar.

S	M	A	R	T

S (*specific*) – Sua meta é detalhada com exatidão?
M (*measurable*) – Você pode medi-la e acompanhar o progresso dela? (Isso tem a ver com números.)
A (*attainable*) – É algo atingível e, ao mesmo tempo, desafiador? Existe um caminho? Qual?
R (*relevant*) – Sua meta é relevante? Vale a pena o esforço para alcançá-la?
T (*timely*) – É possível estabelecer um prazo para atingir a meta?

Depois de dimensionar a sua meta, você vai elaborar o plano de ação, isto é, as estratégias para atingi-la, um passo a passo de atitudes que o farão alcançar o que deseja.

O quê?	Quando?	Onde?	Como?

Por quê?	Quanto/O que vai custar?	Alguém pode ajudar?	Com quem vai compartilhar e a quem vai pedir que o cobre a respeito dessas ações?

> Sigamos, pois, as coisas que contribuem para a paz e as coisas que são para a edificação de uns para com os outros.
> Romanos 14:19

Esse plano de ação é diferente porque, nele, proponho incluir as informações "Alguém pode ajudar?" e "Com quem vai compartilhar e a quem vai pedir que o cobre a respeito dessas ações?". Sempre é possível encontrar alguém próximo que possa colaborar ao longo do caminho com incentivo, ideias e, claro, cobranças na medida certa. Saber que há alguém de confiança para nos manter *na linha* nos ajuda a gerar comprometimento. Tanto você pode ser quem auxilia os outros a cumprir seus planos como pode ter sua vida edificada por um amigo que o compreende e incentiva rumo a suas metas.

Não é obrigatório, mas posso dizer, por experiência própria, que contar com alguém que aja como uma espécie de fiscal das ações ajuda e muito. Fazer uma aposta também é válido, porque ninguém quer perder, não é mesmo? Houve um momento em que, para escrever este livro, combinei com meu marido que, se passasse um dia em que eu não escrevesse pelo menos 500 palavras, iria pagar a ele o valor de R$ 50,00. Parece algo sem importância, mas funcionou. Eu paguei uns R$ 150,00 apenas, e rapidamente consegui chegar à conclusão deste projeto tão desejado que você tem em mãos. Houve ocasiões em que eu escrevia pelo celular, entre uma reunião e outra, ou na academia, no táxi, no metrô e até mesmo por comando de voz. Em muitos dias mais atarefados, só me dediquei a escrever e cumprir a meta porque sabia que, se não o fizesse, teria de desembolsar R$ 50,00... O valor, na verdade, era o menos importante. O que valia mesmo era o comprometimento com o objetivo.

> Sonhos são visões imaginadas e, mesmo que ainda estejam só em seu pensamento, é possível sentir o quanto carregam emoções e representam seus desejos.

Lembre-se, entretanto, do que é fundamental em seu plano de ação: é preciso saber a atitude a ser executada, como, quando e qual o prazo máximo, conforme a tabela a seguir. Por exemplo, para a meta de emagrecer 10 quilos até o dia do aniversário, as ações podem ser: matricular-se numa academia, diminuir a ingestão calórica, agendar consultas com um médico nutrólogo e uma nutricionista, buscar conteúdo motivacional em redes sociais, fazer as compras dos alimentos orientados pelos profissionais etc.

O quê?	Quando?	Onde?	Como?
Matricular-se na academia	Dia 1º de fevereiro, às 8 horas da manhã	Academia Z	Pessoalmente
Consultar-se com o nutrólogo	Dia 5 de fevereiro	Consultório do dr. Gabriel	Pessoalmente; ir de carro
Passar na nutricionista	Dia 5 de fevereiro	Consultório da dra. Karina	Pessoalmente
Fazer atividade física regular, durante uma hora, pelo menos 4 vezes na semana	Às segundas, terças, quartas e sextas-feiras, das 6 às 7 horas da manhã	Ao ar livre, no parque próximo de casa ou na academia	Ir a pé, ouvindo música
Ingerir 1.200 calorias por dia, inclusive aos fins de semana	A partir de 1º de fevereiro	Em casa, de preferência; eventualmente, quando não for possível, escolher a opção menos calórica	Com antecedência, preparar kits específicos e já pesados
Comprar alimentos saudáveis pertencentes à dieta	Às quintas-feiras, saindo do trabalho	No supermercado próximo de casa	Pessoalmente; ir de carro
Matricular-se num curso motivacional on-line para emagrecer e seguir o plano de aulas	Hoje mesmo (dia 20 de janeiro)	Numa plataforma on-line	Em casa, antes de dormir

Por quê?	Quanto/O que vai custar?	Alguém pode ajudar?	Com quem vai compartilhar e a quem vai pedir que o cobre a respeito dessas ações?
Queimar mais calorias	R$ 100,00 por mês	Não	Esposo
Pedir orientações e guias para check-up	R$ 300,00 por consulta	Não	Mãe
Solicitar indicação do cardápio a ser seguido	Já incluído na consulta com dr. Gabriel	Não	Irmão
Melhorar a saúde, o pique e o gasto calórico	Mensalidade já paga no primeiro item; se a atividade for realizada no parque, não se paga nada	Professor da academia	Amiga Ana
Fazer a atividade física ter mais resultados	Nada (até haverá economia por não ser utilizado serviço de delivery)	Familiares e esposo; se não estiverem dispostos a comer em casa, não serão obrigados, já que eles não estabeleceram essa meta	Amiga Karina Pagar R$ 50,00 por dia em que a quantidade de 1.200 calorias for ultrapassada, e a prova disso será o emagrecimento de pelo menos 1,5 kg por semana
Deixar tudo a postos e não cair em tentação	Cerca de R$ 200,00 por semana	Esposo, que pode comprar se você não conseguir	Irmã
Manter a motivação e não desfalecer	R$ 400,00 o curso completo ministrado no Hotmart pela dra. Liliane	Não	Pai

Seria uma ingenuidade não aproveitar estratégias de eficácia comprovada sobre maneiras de realizar suas metas e trocar a ciência pelo apego somente à sua força de vontade. Isso porque, segundo o psicólogo organizacional Benjamin Hardy, autor do livro *Força de vontade não funciona*, se você deseja promover quaisquer mudanças permanentes em sua vida, não basta querer muito fazê-lo.* Aplicar o sistema SMART *à sua* meta e elaborar com atenção seu plano de ação é o mínimo necessário. É o básico para realizar seu objetivo, porém, existem outras estratégias que aumentarão as chances de você atingir sua meta.

Dicas do dr. Hardy:

- Estudar hábitos de pessoas que têm realizado seus objetivos.
- Acompanhar os resultados e, se preciso, atualizar o plano de ação.
- Restringir sua navegação nas redes sociais ao limite de dez minutos por dia (eliminar distrações).
- Estabelecer quais são as prioridades superiores.
- Criar um ambiente que colabore para a realização das tarefas que fazem parte da sua meta.
- Observar o limite máximo de 50 e-mails na caixa de entrada.
- Manter o ambiente de casa e do trabalho organizado e claro.

Uma das principais descobertas e contribuições da neurociência cognitiva é a revelação de que podemos mudar, mas isso exige dedicação, repetição e garra. Você pode mudar seus comportamentos por meio das alterações nos pensamentos e ações, que irão se transformar em novos hábitos.

---

* HARDY, Benjamin. *Força de vontade não funciona*. Trad. Alessandra Esteche. Rio de Janeiro: LeYa, 2018.

Toda mudança exige consciência, empenho e persistência, além de muitas outras competências que tratam da gestão das relações consigo mesmo, com as pessoas e com o meio em que você vive – e é por isso que, a seguir, iremos trabalhar a sua inteligência emocional.

DA TEORIA À PRÁTICA

1. Escreva a sua *dreamlist*, a lista de 5 sonhos, procurando definir um para cada área de sua vida.
2. Metas SMART — Selecione sonhos que possam ser transformados em metas e desenvolva-as com base nas explicações anteriores.
3. Plano de ação — Transforme a meta em um plano de ação que direcione seu passo a passo.

INSPIRAÇÃO NA TELA

Coach Carter – Um treino para a vida é um filme sobre a determinação em perseguir metas estabelecidas. Ken Carter (Samuel L. Jackson) aceita ser o técnico de basquete de sua antiga escola, onde há alunos com desajustes sociais e comportamentais. Ele encontra diversos obstáculos, desde a resistência dos próprios estudantes até severas críticas de seus superiores e da comunidade. No entanto, sua determinação e liderança transformam a vida daqueles jovens e os guia a vitórias não apenas nas quadras, como também nos estudos e na vida. O filme é inspirado numa história real e mostra a importância da persistência, do gerenciamento de emoções e conflitos, da disciplina e da dedicação. *Coach Carter* é uma obra que demonstra as mudanças extraordinárias que podem acontecer quando os objetivos são claramente definidos, perfeitamente mensuráveis e realizáveis, mantendo-se o foco e a disciplina.

QR CODE

Baixe seu pacote de PDFs para elaborar e definir os sonhos, objetivos, metas e planos de ação. Sonhe! Aplique os princípios SMART às suas metas e trabalhe com um plano de ação. Acesse a página para baixar as ferramentas por meio do QR Code a seguir.

CAPÍTULO 10

TREINE SUAS EMOÇÕES

*A capacidade de gerenciar corretamente as emoções
é obrigatória para quem quer alcançar o sucesso,
a plenitude e a prosperidade.*

Durante muito tempo, o abismo entre os conceitos de razão e emoção foi sendo aprofundado cada vez mais. Com o desenvolvimento científico e tecnológico da humanidade nos últimos séculos, as emoções foram relegadas a uma espécie de limbo. Quem se deixava levar pelo emocional ou assumia levar em conta as suas emoções na tomada de decisões era rotulado como fraco. Para filósofos e pensadores dos séculos 19 e 20, apenas o saber científico, a lógica fria dos números e as leis da Física, da Mecânica e da Química eram capazes de reger tanto o Universo como a atividade humana. Nas linhas de produção das indústrias, não havia espaço para a espontaneidade do novo. Nas academias, apenas o ensino ortodoxo era ministrado, sem levar em conta as particularidades da alma e a diversidade de ideias e conceitos que caracterizam cada indivíduo.

"Homem não chora", "Você vale por aquilo que produz", "Não se deixe levar pelo coração" e tantos outros paradigmas eram tidos como verdades absolutas. Mas o aprendizado e os comportamentos são fortemente influenciados pelas emoções, quer a gente assuma, quer não. Com isso, cristalizou-se a noção da inteligência socioemocional como ferramenta para se alcançar uma vida em abundância. O aprendizado do gerenciamento das emoções é tão importante quanto aprender a usar a Matemática, entender a conjugação dos verbos, falar inglês, conhecer conceitos de Química ou Física e compreender História, Geografia e Biologia.

Esse conjunto de competências recebeu o nome de inteligência emocional (IE), termo que apareceu primeiro em 1990, proposto pelos pesquisadores Peter Salovey e John Mayer e que se tornou conhecido mundialmente após o sucesso do livro *Inteligência emocional*, em 1995, de Daniel Goleman.[*] Essa noção tem ganhado cada vez mais espaço nas empresas, organizações e na vida das pessoas. Em seu livro, Daniel Goleman, com quem tive aulas na pós-graduação em Neurociência e Comportamento, comprovou que as habilidades de inteligência emocional são duas vezes mais importantes – e que quanto maior o cargo e a autoridade que um gestor tem, mais importante a inteligência emocional será.

A Psicologia tem se debruçado sobre esse tema, e o que importa para a realização de nossas metas é entender quanta diferença o empenho em desenvolver a educação socioemocional pode trazer em nossa vida e nossas relações. Ora, as emoções são o motor de nosso comportamento, e cada uma delas tem uma razão para existir. Todas elas são importantes, porque enviam mensagens físicas que nos possibilitam agir e reagir ao ambiente, e ajudam, ainda, na comunicação e são parte do todo que nos move em sociedade e na vida. Em outras palavras, nem sempre sentir ansiedade

---

[*] GOLEMAN, Daniel. *Inteligência emocional*: A teoria revolucionária que redefine o que é ser inteligente. Trad. Marcos Santarrita. Rio de Janeiro: Sextante, 1996.

é ruim, assim como o medo não
é negativo em todas as situações
nas quais se manifesta. O problema, como em tantos aspectos
da existência, está nos excessos
e na falta de gerenciamento.

> Cada emoção tem uma razão para existir e todas elas são importantes, porque enviam mensagens físicas que nos possibilitam agir e reagir ao ambiente.

A obra de Goleman mostra que é possível gerir emoções, de modo a não sermos engolidos por uma crise de raiva, ansiedade ou medo. O modelo que o professor utiliza para análise a fim de enxergar modos de potencializar a IE é composto por diversos elementos, entre eles a autoconsciência e a autogestão, que têm a ver com a maneira como lidar consigo mesmo, gerenciando impulsos, ações e reações mediante o conhecimento de si próprio, que advém da auto-observação. Os outros elementos da IE são a gestão de relacionamento e a consciência social (conceitos ligados a relações saudáveis com as pessoas e com o mundo que nos cerca). Cooperação, comunicação não violenta, solidariedade, empatia e reconhecimento do outro, bem como do que é certo e do que é errado, entram nessa equação.

Cortisol, a chave secreta

Nós, seres humanos, não somos somente nossas emoções. Somos o que pensamos e o que comunicamos, bem como nossos princípios. Somos, portanto, nosso mundo interior e a maneira como nos relacionamos com o próximo. O gerenciamento das emoções é o que faz o desconforto diante de uma mudança de hábitos ser suportável, pois há um ganho no resultado do processo. Sem o gerenciamento das emoções, o alcoólatra não deixaria de beber e o viciado não abandonaria as drogas; cada um destes venceu suas emoções em prol de um objetivo maior. É esse gerenciamento das emoções que possibilita a interferência no funcionamento do circuito dopaminérgico, mecanismo que a neurociência explica como sendo o sistema tomador de decisões.* É o que age em resposta às perguntas relacionadas a ações como: "Eu vou ou não vou?"; "Eu caso ou compro uma bicicleta?"; "Eu falo umas verdades para meu chefe ou faço cara de paisagem e respondo 'pode deixar!'?". O sistema dopaminérgico faz a gente repetir comportamentos de forma constante. Quando se resolve mudar um desses hábitos que constatamos como prejudiciais (comer em excesso, beber, fumar etc.), fica clara a força desse sistema, o qual nos impele a repetir compulsivamente aqueles comportamentos em detrimento de qualquer determinação racional acerca deles.

Alguma vez você sentiu que uma emoção conduzia o seu cérebro? Percebeu que a decisão tomada e o passo dado não foram motivados pela lógica ou pelo que se convencionou chamar de "bom senso", mas, sim, pelo coração? Isso acontece, muitas vezes, diante de uma situação em que somos testados ou na qual nos vemos diante de um desafio. Não preciso nem dizer, tendo em vista o meu histórico, que passei por isso várias vezes. E para contar um dia que foi muito marcante, lembro-me do "branco" que experimentei justamente quando fui fazer o exame prático para tirar a minha carteira de motorista, aos 21 anos – e bem na hora da prova da baliza, quando concentração e autocontrole são fundamentais. De tanta ansiedade, não consegui me lembrar do que devia fazer. As mãos começaram a suar, o coração disparou e a cabeça parecia quente como uma frigideira no fogo. O desespero tomou conta e o pior aconteceu: deixei o carro "morrer". Fiquei arrasada, chorei muito, mas não deixei de acreditar que iria

---

* GOLEMAN, op. cit. Para saber mais de neurociência, checar aulas do professor Daniel Goleman e da professora Carla Tieppo.

conseguir a tão sonhada habilitação – bastava fazer o teste de novo. Dois meses depois daquele sufoco, consegui guiar o carro direitinho no exame e fui aprovada. No entanto, quantas pessoas acabam se traumatizando e nunca mais encaram o desafio que as fez sentir tanto desconforto? No caso específico, há aqueles que, diante da reprovação, desistem de dirigir; outros abrem mão de uma carreira promissora ou do sonho de um curso universitário porque não conseguem passar nas primeiras tentativas.

O que acontece quando a reação a algo mexe com o equilíbrio emocional é chamado de sequestro da amígdala. A amígdala é uma estrutura situada na parte interior do lóbulo temporal medial, que costuma ser facilmente reconhecida porque tem a forma de uma amêndoa. Junto ao hipocampo, hipotálamo e o córtex orbito-frontal, essa estrutura faz parte do que conhecemos como cérebro emocional ou sistema límbico. Quanto maior o nível de cortisol no organismo, mais sujeitos estaremos a essa experiência, que pode causar sérias consequências. É o cortisol, uma vez elevado, que diminui a atividade no córtex pré-frontal (área do cérebro responsável pelo pensamento consciente e planejamento). Além disso, esse hormônio tão ligado ao cansaço e ao estresse aumenta a atividade na amígdala, no hipotálamo e no cíngulo anterior do córtex.[*]

Se você está acompanhando até aqui, deve estar agora compreendendo que é exatamente o gerenciamento do cortisol como essa chave secreta para melhorar as respostas emocionais e tomar decisões mais equilibradas e coerentes com seus objetivos e metas. E, se o leitor está se perguntando sobre como pode diminuir o cortisol, relaxe – a solução é a velha sabedoria popular do "respire fundo e conte, pelo menos, até 10".

---

[*] GOLEMAN, op. cit. Cf. Aulas do professor Goleman.

Experiências diversas têm comprovado cientificamente que técnicas de mindfulness reduzem os níveis de cortisol, bem como colaboram para o prolongamento do tempo entre impulso e ação.* Isso, de acordo com a Psicologia, é a tão falada maturidade. Mindfulness (atenção plena, em português) é um estado mental que tem a finalidade de trazer o corpo para o momento presente. É a capacidade de perceber pensamentos, identificar sensações corporais e emoções quando elas ocorrem, evitando as reações automáticas. Exercitar sua atenção plena traz resultados desde os primeiros dias e ajuda no desenvolvimento de habilidades para realizar escolhas conscientes, colaborando no convívio com os desafios do dia a dia.**

Técnicas de atenção plena e respiração consciente não são exclusividade de uma ou outra religião: são um presente de Deus para a humanidade. Aliás, como foi que tudo começou para nós, em Gênesis? Com uma inspiração (de Deus), que expirou vida em nossas narinas! Sim, tudo começou com a respiração intencional, consciente, e com a atenção plena de Deus em nós! Focar na sua respiração, além de diminuir o cortisol circulante no organismo, ajuda na manutenção da diminuição da ansiedade, do estresse e de dores crônicas. Além disso, fortalece o sistema imunológico, melhora a alimentação e a relação com a comida e ajuda a trazer sua consciência para o presente, o que proporciona maior produtividade, satisfação com sua vida e qualidade para seus relacionamentos.

Outras técnicas eficazes para exercitar sua atenção plena são as seguintes:

---

* VEJA SAÚDE. *Meditação mindfulness contra o estresse*. Disponível em: <https://saude.abril.com.br/mente-saudavel/meditacao-mindfulness-contra-o-estresse/>. Acesso em 17 jul. 2020.
** GOLEMAN, op. cit. Cf. Aulas do professor Goleman.

- Focar em atividades cotidianas (como escovar os dentes, pentear o cabelo, tomar banho) por um minuto, e procurar observar as sensações despertadas.
- Buscar diminuir as ações automáticas e se concentrar nas sensações, no corpo, no ambiente, no sentimento despertado e em como se manter presente.
- Retomar a atenção de forma tranquila quando os momentos de distração surgirem durante atividades de contemplação ou de atenção plena.
- Adotar uma atitude não julgadora, ou seja, que aceita as situações como elas são e que reconhece a realidade.

"Emoções descontroladas deixam as pessoas idiotas."
Daniel Goleman

A capacidade de gerenciar corretamente as emoções é obrigatória para quem quer alcançar o sucesso, a plenitude e a prosperidade. Para saber em que caminho você se encontra nesse tipo de inteligência, preencha a seguinte autoavaliação, assinalando o número que corresponde à sua posição atual, sendo 1 para a menor habilidade e 5 para aquela que você julga estar bem desenvolvida.

QUOCIENTE EMOCIONAL

COMPETÊNCIAS EMOCIONAIS PESSOAIS	AVALIAÇÃO
1) **Autoconsciência emocional** – Identificar as próprias emoções e reconhecer seu impacto nas ações e decisões.	1 2 3 4 5
2) **Autoavaliação precisa** – Conhecer os próprios limites e possibilidades, sem se supervalorizar ou subestimar.	1 2 3 4 5
3) **Autoconfiança** – Possuir um sólido senso do próprio valor, capacidade se potencial.	1 2 3 4 5
4) **Autocontrole emocional** – Manter emoções e impulsos destrutivos sob controle.	1 2 3 4 5
5) **Superação** – Demonstrar ímpeto para melhorar o desempenho a fim de satisfazer padrões interiores de excelência.	1 2 3 4 5
6) **Iniciativa** – Estar sempre de prontidão para agir e aproveitar oportunidades.	1 2 3 4 5
7) **Transparência** – Ser honesto, íntegro, digno de confiança.	1 2 3 4 5
8) **Adaptabilidade** – Flexibilidade na adaptação a pessoas com estilos diferentes e a situações voláteis ou ao pensar e se comportar em situações antagônicas.	1 2 3 4 5
9) **Otimismo** – Ver o lado bom dos acontecimentos em qualquer situação que seja.	1 2 3 4 5
TOTAL	

QUOCIENTE EMOCIONAL

COMPETÊNCIAS EMOCIONAIS SOCIAIS	AVALIAÇÃO
1) **Empatia** – Perceber as emoções alheias, compreender seus pontos de vista e interessar-se ativamente por suas preocupações.	1 2 3 4 5
2) **Consciência organizacional** – Identificar e compreender as tendências, redes de decisão e a política em nível organizacional.	1 2 3 4 5
3) **Serviço** – Reconhecer e satisfazer as necessidades dos subordinados e clientes, servindo-os e ajudando-os a melhorar em seu desempenho e alcançar em seu sobjetivos.	1 2 3 4 5
4) **Liderança inspiradora** – Orientar e motivar com uma visão instigante, conduzindo pessoas a objetivos de ganhos mútuos.	1 2 3 4 5
5) **Influência** – Dispor da capacidade de persuadir e inflenciar pessoas.	1 2 3 4 5
6) **Desenvolvimento dos demais** – Cultivar as capacidades alheias por meio de *feedbacks* e orientação.	1 2 3 4 5
7) **Catalisação de mudanças** – Iniciar e gerenciar mudanças e liderarpessoas em uma nova direção.	1 2 3 4 5
8) **Gerenciamento de conflitos** – Solucionar divergências entre pessoas, levando-as à integração e à aceitação mútua.	1 2 3 4 5
9) **Trabalho em equipe** – Conquistar a colaboração e o trabalho em equipe com alto desempenho.	1 2 3 4 5
TOTAL	
TOTAL GERAL	

Notas mais baixas revelam pontos a desenvolver – e tudo começa com o autoconhecimento. Lembre-se, também, de que é caro o preço a pagar pela falta de gestão emocional, que se reflete em impulsividade, compulsões, autodestruição, autossabotagem, vitimismo, intolerância, ciúmes, inveja e muitas outras reações improdutivas. A inteligência emocional pode prevenir fobias, ansiedade, transtornos psicológicos, uso de drogas, agressividade e baixa autoestima. Com certeza, uma pessoa emocionalmente inteligente consegue pensar antes de agir, controlando seus impulsos.

Agora, atribuindo classificações de 0 a 10, reflita acerca de como está sua habilidade em lidar com suas emoções. Você é uma pessoa impulsiva ou tem domínio das próprias reações? Como você administra sua raiva, tristeza ou frustração? Qual a principal emoção a influenciar seus comportamentos? Se você chegou à conclusão de que é importante melhorar sua inteligência emocional, quero sugerir, além de exercitar a atenção plena, algumas outras atitudes:

1. Realize a mesa-redonda do eu, já praticada no capítulo 4, para administrar todas as emoções improdutivas ou aquelas que fomentam conflitos. A técnica que já praticamos neste livro trata de fazer uma reunião consigo mesmo, pelo menos duas vezes por semana, durante quinze minutos. Pare todas as atividades e debata com você mesmo os problemas, dificuldades, crises e perdas.

2. Ao ser invadido por uma emoção como a raiva, mentalize um semáforo. Neste momento, o semáforo deve estar com a luz na cor vermelha acesa. Isso quer dizer que é preciso parar, refletir sobre aquela situação e não agir no impulso – ou seja, não "avançar o sinal". Vermelho tem que significar PARE. Ao parar, a reflexão sobre o

problema deve responder a perguntas como: "Se eu agir no impulso, qual vai ser a consequência?"; "Como estou me sentindo agora?"; "Diante de como estou agora e a partir daqui, qual seria a melhor opção?".

3. Ao fazer esse tipo de reflexão, você está mudando seu semáforo para a cor amarela. Uma vez analisadas as alternativas de resposta, escolha a opção que for melhor para você e execute-a para resolver a situação na qual se encontra. Talvez, inclusive, chegue à conclusão de que a melhor resposta será, simplesmente, não responder nada. O importante é agir da maneira que pareça mais apropriada e benéfica para você e para os outros envolvidos na situação. Nesse ponto, seu semáforo fica na cor verde. Parece brincadeira de criança, mas estudos em todo o mundo têm comprovado que essa técnica realmente funciona e pode ser, inclusive, utilizada para ensinar às crianças a importância de gerenciar as próprias emoções.[*] Imprima uma arte que está disponível no meu site (www.biancapagliarin.com.br) e coloque esse semáforo no quarto do seu filho. Aplicá-la, também, ao seu quarto ou no espelho do banheiro não seria má ideia.

Profira uma comunicação positiva sobre a própria vida e suas emoções por meio de afirmações poderosas que precisam ser repetidas com o coração, ou seja, com sentimento. Isso vai muito além da mera reprodução de chavões ou frases feitas; é falar com presença, com vida. A Palavra de Deus já ensinou, em diversos momentos, o quanto devemos declarar bênçãos sobre nós e nosso futuro. Afirmações positivas combatem crenças limitantes e são poderosas para transformar sua mentalidade e

---

[*] GOLEMAN, op. cit. Cf. Aulas do professor Goleman.

sua visão de si, do mundo e dos outros. Começo meus dias sempre com afirmações positivas poderosas, não importa o quão carregada esteja minha agenda, porque são inúmeros os benefícios que tenho alcançado por essa técnica. Essa estratégia é tão simples, mas pouquíssimas pessoas a praticam como hábito diário. Seja você um que faz parte da minoria e eu garanto: não vai se arrepender.

4. Exercite conscientemente habilidades de inteligência social com as seguintes práticas:
   a) Não criar expectativas irreais ou exageradas.
   b) Agir de modo generoso e empático, consciente de que não esperar nada em troca também faz parte de alcançar um nível extraordinário de relacionamento com as outras pessoas e com Deus.
   c) Entender que, por trás de uma pessoa que fere, geralmente há alguém ferido.

5. Exercitar a comunicação assertiva.

6. Desligar-se das redes sociais e da internet por períodos específicos.

7. Gerencie seu tempo, porque é a má administração dele que, muitas vezes, gera ansiedade, cansaço e aumento do cortisol.

8. Pratique a técnica pomodoro para aprender a focar em um assunto por vez, estratégia de gerenciamento de tempo criada no fim dos anos 1980 por um italiano chamado Francesco Cirillo e que deriva seu nome da palavra italiana *pomodoro* (tomate), como referência ao popular

cronômetro gastronômico na forma dessa fruta.* Trata-se de uma técnica muito simples e que melhora a habilidade de gerenciar o tempo e controlar as distrações, colaborando, portanto, com a produtividade. Na prática, com o pomodoro, devemos separar os horários em blocos de 25 minutos. Em cada um desses períodos, nós nos empenhamos em trabalhar, de maneira concentrada e sem interrupções, em apenas uma tarefa por vez. Assim que o pomodoro terminar, temos direito a um intervalo de cinco minutos. Este é o momento de ir ao banheiro, tomar uma água ou um café, conversar com o colega ou fazer qualquer coisa sem relação com aquela atividade que definimos como foco. Quando forem finalizados 4 pomodoros, a pausa é maior, podendo variar de quinze a trinta minutos.

Você pode usar essa técnica para tudo, não só para o trabalho. Quem sabe, ela o ajudará a concentrar o foco nas atividades físicas, em uma alimentação correta e calma, nas atividades espirituais, como meditação e oração, no investimento de tempo de qualidade com os filhos e cônjuge, nos estudos e até mesmo para se distrair e relaxar.

Quando você começa um programa de exercícios físicos, caso venha de um período longo de sedentarismo ou inatividade, não é da noite para o dia que conseguirá fazer 20 repetições levantando 10 quilos na flexão de bíceps, certo? Quanto mais você exercitar e entender o que está fazendo e por que, mais resultados terá. De igual modo, também

> Afirmações positivas combatem crenças limitantes e são poderosas para transformar sua mentalidade e sua visão de si, do mundo e dos outros.

---

* CIRILLO, Francesco. *A técnica Pomodoro*. Trad. Camilla Werner. Rio de Janeiro: Sextante, 2019.

é preciso lembrar que, se você parar de praticar os exercícios físicos, sua força diminui, certo? Então, se você não coloca em prática tudo o que vai aprendendo sobre o gerenciamento das emoções, os resultados não aparecem. No começo, levantar 10 quilos poderá ser muito difícil; mas, com o tempo, a atividade física tornar-se-a naturalmente mais fácil. É o que também acontecerá com sua habilidade em ponderar e administrar suas emoções, tornando-se mais consciente de tudo o que pode ser melhorado por meio de ferramentas já mencionadas neste capítulo. Portanto, persista! Os resultados virão.

DA TEORIA À PRÁTICA

O Teorema da Satisfação é um conceito muito usado em vendas, mas que faz todo sentido em relações interpessoais e pode transformar seus sentimentos em relação aos outros — e, consequentemente, a ideia que eles têm sobre a conexão que existe entre vocês. A ideia básica é de que tudo aquilo em que você colocar seu foco cresce. Essa técnica é muito utilizada no comércio. Quantas vezes você entrou em uma loja só para "dar uma olhada" em um produto, sem intenção de compra, e acabou levando-o? É que o vendedor, habilmente, soube aproveitar seu primeiro interesse para lhe dar detalhes do produto, o benefício que ele iria lhe trazer e as vantagens de comprá-lo naquele instante. Sua expectativa não era elevada ao entrar na loja; porém, o vendedor criou uma experiência tão especial e mostrou o produto de forma tão fascinante que você não resistiu e ainda teve a certeza de que fez a melhor das escolhas.

Existe uma equação que explica o processo, a saber:

Satisfação = a percepção − a expectativa

Se sua expectativa é maior que a percepção, a satisfação é negativa. No entanto, se sua percepção é maior que sua expectativa, a satisfação será positiva — e é essa satisfação que você busca em seu trabalho, em seu relacionamento, na vida em família etc. Isto quer dizer que se todos os dias, ao invés de reclamar, passar a focar nos aspectos positivos daquela pessoa com quem costuma ter uma relação conflituosa, você vai se condicionar a olhá-la com foco em características positivas. Agindo assim, é certo que essa ligação entre vocês ficará mais benéfica e satisfatória.

Na prática, faça assim:
1. Pare de falar mal daquela pessoa com quem você não se dá bem ou com quem tem tido problemas de relacionamento. Simplesmente, pare de reclamar, de se queixar ou de pensar mal dela. Comprometa-se, consigo mesmo, em praticar essa disciplina por trinta dias. Ainda que lhe

perguntem algo a respeito dela, você não dirá nada negativo — mas se lembrará de responder com um dos aspectos a seguir.

2. Faça uma lista de 10 características positivas dessa pessoa. Se não conseguir identificar todas, enumere aquelas que observar.

....
....
....
....
....

3. Faça outra lista, agora com 10 características positivas que existem ou já existiram na interação entre vocês. Vale lembrar conquistas, aprendizados, momentos alegres ou simplesmente conversas agradáveis que vocês tiveram. (Como no item anterior, caso não se lembre de 10 momentos, enumere os possíveis de mencionar.)

....
....
....
....
....

4. Agora, faça uma lista de 10 características positivas que você tem.

....
....
....
....
....

5. Arranque esta folha preenchida do livro (ou, caso prefira, copie ou digite em outra folha) e coloque-a em um local fácil de acessar a qualquer momento do dia ou da noite, seja em casa, no trabalho, na rua, no carro, no ônibus etc.

6. Cada vez que você for pensar mal sobre essa pessoa, imediatamente leia suas anotações e busque ativar mecanismos de gratidão por cada uma daquelas qualidades e bons momentos vividos juntos.

7. Depois de trinta dias, avalie como estão seus sentimentos e anote a seguir sua conclusão com essa ferramenta. O que você aprendeu aqui?

....
....
....
....
....

INSPIRAÇÃO NA TELA

Matrix é uma ficção que retrata a transformação da humanidade e a dominação da máquina sobre o ser humano. É uma reflexão sobre como precisamos estar despertos para percebermos o que está acontecendo à nossa volta, não permitindo o embotamento da mente e encontrando formas de viver o presente — ou seja, encantar-se com a bênção e a maravilha que é a vida e estar vivo.

QR CODE

Por meio do QR Code a seguir, acesse uma prática guiada de atenção plena totalmente grátis, para realizar uma rápida técnica de mindfulness que vai ajudar você a compreender maneiras de trazer seu foco para o presente, colhendo resultados imediatos logo após o exercício.

ESCANEIE-ME

CAPÍTULO 11

O PODER DO HÁBITO

*Mudar práticas enraizadas é o caminho
para sua melhor versão.*

TALVEZ VOCÊ NÃO NOTE COM FACILIDADE, MAS A VERDADE é que sua vida segue uma sequência de ações, todos os dias, provavelmente há anos. É bem possível que você nem pense muito a esse respeito. Lembra-se do "piloto automático" de que falamos no capítulo 3? Trata-se de um gatilho emocional que pode ser disparado por muitos estímulos, como crenças cristalizadas em nossa mente, opiniões alheias e coisas tidas como verdade. É esse tipo de condicionamento que nos leva, por exemplo, a pensar na segunda-feira como um dia ruim, em vez de enxergar, no início de uma semana, mais um período de oportunidades para alcançar objetivos. Da mesma forma, muitos de nós repetimos, quase sem pensar, práticas e hábitos enraizados, embora nem sempre benéficos ou produtivos.

Nesses casos, reagimos com desculpas perante nós mesmos. Quantas vezes, por exemplo, você teve uma justificativa na ponta da língua para fugir da alimentação saudável, no lugar de vencer as tentações da mesa por saber que alcançar a meta é mais importante do que saciar um desejo

> Não é simples mudar um hábito, justamente porque nos acostumamos tanto a ele que o repetimos sem perceber.

momentâneo? Já parou para refletir sobre porque faz as coisas do jeito que faz, todos os dias? Ou em como seria se pudesse mudar hábitos prejudiciais pelos benéficos para sua autoestima, saúde, vida em família, realização profissional, satisfação conjugal e plenitude espiritual?

Podemos, sim, traçar uma linha de pensamento claro sobre o que faz alguns terem excelentes resultados em suas empreitadas, enquanto outros não alcançam seus objetivos, vivendo insatisfeitos e estagnados. Considere o termo mindset, que quer dizer configuração mental como a forma que organizamos os pensamentos e como lidamos com o que nos acontece. Assim, mindset seria a atitude mental que temos diante de cada fato.

No livro *Mindset: a nova psicologia do sucesso*, Carol S. Dweck traz o olhar técnico e científico sobre 2 tipos de mentalidade, com embasamento em centenas de estudos rigorosos de casos reais. Psicóloga e PhD, ela é uma especialista cujo foco está no desenvolvimento humano e que estudou, por mais de vinte anos, a mentalidade do sucesso. "O que importa não é sua capacidade, mas o esforço que inflama essa capacidade e a transforma em realização", diz Carol. Sua obra defende que o tipo de mentalidade que você tem é o que vai conduzi-lo ao sucesso ou arrastá-lo para o fracasso. Fundamentando seus argumentos em testes e análises, ela demonstra como a verdadeira diferença entre os bem e os malsucedidos está na própria mente. É o bem contra o mal, ou, pela explicação do livro, são os pensamentos limitadores de uma mentalidade fixa *versus* os pensamentos de otimismo, dedicação e ressignificação de uma mente aberta ao crescimento."[*]

---

[*] DWEICK, Carol. *Mindset*: A nova psicologia do sucesso. Trad. S. Duarte. Rio de Janeiro: Objetiva, 2017.

Uma pessoa com mindset fixo pode ter crenças como: "pau que nasce torto, nunca se endireita", "dinheiro é a raiz de todos os males", "homem/mulher é tudo igual", "com o tempo o casamento esfria", "o amor é uma flor roxa que nasce no coração do trouxa" ou "a vida é um boleto atrás do outro", colocando nessas respostas todas as suas justificativas.

Leia o seguinte trecho impactante e revelador da obra da doutora Carol:*

> *Quando eu era uma jovem pesquisadora em início de carreira, aconteceu algo que mudou minha vida. Eu era obcecada pela ideia de compreender como as pessoas lidam com fracassos, e resolvi estudar esse tema observando como os estudantes enfrentavam problemas difíceis. Assim, levei várias crianças, uma de cada vez, a uma sala na escola delas, onde as deixei ficar à vontade com uma série de quebra-cabeças para resolver. Os primeiros eram bastante fáceis, mas os seguintes iam ficando mais difíceis. Enquanto as crianças resmungavam, suavam e se esforçavam, eu observava as estratégias delas e investigava o que pensavam e sentiam.*
>
> *Eu esperava encontrar diferenças no modo como elas enfrentavam as dificuldades, mas percebi uma coisa que jamais havia imaginado. Diante dos quebra-cabeças mais difíceis, um menino de 10 anos puxou a cadeira para mais perto, esfregou as mãos e exclamou: "Adoro um desafio!". Outro, lutando com as peças, ergueu os olhos com uma expressão satisfeita e disse, com ar de autoridade: "Sabe, eu já esperava aprender alguma coisa com isso!". O que há de errado com eles?, pensei.*

---

* Ibidem, p. 11.

Sempre havia achado que uma pessoa ou sabia lidar com o fracasso, ou não sabia. Nunca imaginara que alguém pudesse gostar de errar e falhar. Essas crianças seriam excepcionais ou teriam encontrado alguma coisa nova?

Doutora Carol conta também sobre a reação de crianças de 4 anos quando lhes foi dada a opção de refazer um quebra-cabeça fácil ou tentar um novo conjunto de peças mais difícil. Aquelas com uma atitude mental fixa escolheram o quebra-cabeça fácil, pois sabiam que podiam completar a tarefa com sucesso. Essa atitude das crianças é a perfeita ilustração do que significa a mentalidade fixa: "Já que não vou conseguir, é melhor nem tentar". Essa é a mentalidade daqueles que justificam as próprias falhas dizendo que não são mesmo inteligentes ou capazes. Já as pessoas dotadas de mentalidade de crescimento consideram intrigantes as tarefas que lhes são delegadas – afinal, por que alguém iria querer continuar montando sempre o mesmo quebra-cabeça? Escolhiam sempre um novo e mais difícil. "Estou louca para descobrir a solução!", exclamou uma menininha. As crianças com mindset fixo acreditavam que indivíduos inteligentes sempre precisam ter êxito e não podem falhar. Já para aqueles com mentalidade de crescimento, é possível se empenhar, persistir, se dedicar e, assim, ficar ainda mais inteligente.

O mindset de crescimento, olhando para o que a Palavra de Deus revela, é o *modus operandi* do coração humilde e moldável, o jeito de olhar daqueles que não desistem de sonhar, que encontram boa vontade para acreditar e tentar de novo, esforçando-se um pouco mais, reconhecendo que não sabe de tudo e nem se tem todas as respostas.

Jesus Cristo, que foi um Mestre por excelência, muito disse acerca do poder da correta disposição mental e da fé. Suas perguntas eram capazes de deslocar a mente das pessoas para fora das margens da zona de conforto. Sua capacidade de enxergar o que mais ninguém via foi o que transformou os pescadores Pedro, Tiago e João nos discípulos que ajudaram a mudar a história da humanidade.

"Eu posso aceitar o fracasso. Todo mundo falha em alguma coisa. Mas eu não posso aceitar não tentar."
Michael Jordan

Em que lugar de sua vida você tem alimentado um mindset fixo? Mesmo que não seja assim com todas as pessoas, olhe com honestidade para o modo como trata seus pais, seus filhos, seu cônjuge, seus liderados, ou o que pensa e diz sobre eles. É como se tivessem obrigação de fazer coisas para você, ou de expressar o tempo inteiro o quanto você fez tudo por eles? Talvez o leitor não expresse gratidão aos seus pais, pensando que cuidar de você não foi "mais do que obrigação"; ou, então, nem se lembre da última vez que disse para seu marido ou sua esposa o quanto tem gratidão pelo suporte e companheirismo, bem como por ter alguém com quem contar para a vida toda. A doutora Carol acredita que mindsets fixos podem ser transformados em mindsets de crescimento a partir da adoção de certos comportamentos e perspectivas:*

1. Encare os obstáculos como oportunidades.
2. Apaixone-se por aprender e deixe de lado aquela busca constante por agradar aos outros.
3. Aprenda a aproveitar o processo, sem viver apenas com o foco no resultado. Tudo pode ter brilho e aproveitamento

---
* Ibidem.

– basta ter determinação por estar presente em cada momento de sua vida.
4. Alimente atitudes que tenham a ver com seu propósito e que levam você para mais perto de ser quem nasceu para ser.
5. Escolha aprender bem, em vez de aprender rápido: a pressa faz que se perca a chance de aprendizados fantásticos.
6. Errar faz parte de qualquer atividade humana, portanto não se cobre perfeição o tempo todo. Você não é um fracassado por ter errado; apenas se mantenha determinado e tente outras vezes.
7. Aprenda com as falhas dos outros, evitando criticar e comparar pessoas. Pergunte-se de que maneira você pode aprender com aquele erro.
8. Aprenda a receber críticas construtivas; sempre se pode tirar algo bom até mesmo de uma crítica, que, a princípio, nos causa desconforto.
9. Seja perseverante e lembre-se do propósito pelo qual começou determinada mudança.
10. Estabeleça um objetivo a cada conquista que você tiver e comemore-a, celebrando grandes e pequenos triunfos.
11. Lembre-se de que leva tempo para atingir o sucesso em qualquer coisa.

E para aumentar sua percepção sobre o desenvolvimento focado em hábitos fortalecedores do seu mindset de crescimento, vale conhecer as orientações de Charles Duhigg, autor do mundialmente famoso livro *O poder do hábito*.[*] Segundo ele, um hábito funciona em um fluxo de 3 etapas:

+ **Gatilho** – Alguma coisa acontece e seu cérebro recebe uma instrução para entrar no automático, agindo com

---

[*] DUHIGG, Charles. *O poder do hábito*: Por que fazemos o que fazemos na vida e nos negócios. Trad. Rafael Mantovani. Rio de Janeiro: Objetiva, 2012.

determinado comportamento que se torna rotina pela repetição constante.
- **Rotina** – A ação física, emocional ou mental automaticamente acionada pelo gatilho vira rotina e você nem pensa nela; simplesmente, quando percebe, já a está fazendo.
- **Recompensa** – Seja como for, o hábito trouxe algum tipo de recompensa – e é por isso que, ao repetir o gatilho, o cérebro vai se lembrar da recompensa, direcionando o indivíduo para a execução do comportamento de novo e de novo e de novo.

Uma de minhas alunas do Curso de Treinamento para Alta Performance Emocional, Espiritual e Cognitiva percebeu que passar por privações, escassez e pouca variedade de alimentos quando era criança a fez desenvolver o hábito de comer muito, até se empanturrar. A recompensa, percebeu ela, era a sensação de poder comer o que desejasse – e não apenas consumir, mas consumir sem preocupações com limites (escassez). A impulsividade era uma forma de seu "eu" criança se manifestar e expressar que não queria mais ficar só na vontade. O gatilho era emocional, acionado justamente nas horas das refeições e das compras no mercado. Só que esse hábito nocivo precisava mudar, porque ela começou a perceber a balança em disparada.

Foi questionando-se sobre o que estava por trás daquele comportamento, isto é, daquela compulsão alimentar, por meio de perguntas poderosas de sabedoria, que o padrão do hábito (gatilho, rotina e recompensa) ficou claro. A partir desse olhar, tudo começou a ser resolvido e houve, então, um ajuste de gratificação. Claro que ela passou por certo desconforto inicial; porém, ao encontrar novas formas de se satisfazer com resultados positivos, tudo ficou mais fácil. Assim, ela emagreceu mais de 30 kg sem qualquer fórmula milagrosa ou dietas radicais. Acolhimento de sua criança interior, atenção plena e comunicação profética foram algumas das estratégias para a transformação de sua mentalidade – e, a partir de então, a fim de tornar o novo hábito mais fluído, foi fundamental repetir, repetir e repetir.

Não é simples mudar um hábito, justamente porque nos acostumamos tanto a ele que o repetimos sem perceber. No entanto, algumas decisões e disposições mentais são essenciais nesse processo:

1. Determine, claramente, o que você quer mudar.
2. Identifique o padrão do comportamento, definindo os gatilhos que o acionam, que podem ser de 5 tipos: um lugar, um horário, um estado emocional, presença de outras pessoas ou tarefas, eventos/e situações iminentes.
3. Compreenda qual recompensa você está conseguindo com essa rotina.
4. Experimente recompensas diferentes (e não prejudiciais) para fortalecer os novos e benéficos comportamentos.
5. Planeje os novos hábitos e repita-os continuamente.

Quem já abandonou um hábito ruim sabe muito bem como a coisa funciona. Na primeira semana, a privação daquilo é terrível. Tudo lembra o velho hábito. Entretanto, passado um tempo, aquilo fica muito mais possível e tranquilo. Quem abandonou o cigarro, por exemplo, costuma revelar que, no começo, não se consegue parar de pensar nas bafuradas que estava "perdendo". No entanto, ao descobrir outras vantagens de parar de fumar, o veneno foi ficando cada vez menos atrativo. Apenas uma enorme estupidez poderia fazer um fumante voltar ao tabagismo depois de anos sem cigarro (claro que sei que tem gente que age dessa maneira, mas essa pessoa, certamente, tem plena ciência do quão obtusa foi).

Segundo Hal Elrod, autor do best-seller *O milagre da manhã*, são 3 as fases que marcam o processo de mudança:*

Fase 1 – Quase insuportável, que vai do primeiro ao décimo dia. É uma etapa crítica, em que o hábito prejudicial grita e traz, na maior parte das vezes, um desconforto que beira a aflição. Acione tudo o que puder para vencer essa etapa.

Fase 2 – Período desconfortável, que vai do décimo primeiro ao vigésimo dia. Ainda é difícil, mas já existe um certo prazer naquele novo hábito e nas mudanças que estão acontecendo. O segredo é persistir, porque logo vem a terceira fase.

Fase 3 – É a fase irrefreável, após o vigésimo primeiro dia. Algo surpreendente começa a acontecer e você experimenta momentos de grande satisfação com o novo jeito de encarar a vida. Esses momentos lindos de *flow* (fluir, em inglês, termo da Psicologia que descreve uma sensação de bem-estar intenso) fortalecem sua transformação pessoal e ajudam os novos hábitos adquiridos a se enraizarem como parte de quem você é.

É preciso registrar que existem algumas controvérsias, no campo da neurociência, a respeito da formação de novos hábitos. Como vimos, Charles Duhigg defende que um novo hábito se estabelece após 21 dias de repetição contínua. Por sua vez, Hal Elrod, autor de *O milagre da manhã*, estabelece um prazo de trinta dias para uma efetiva transformação, pois somente assim a mente teria mais forças para manter aquela nova rotina a partir da entrada no estado de *flow*, no fluxo do comportamento produtivo em substituição ao que era prejudicial.** Já um estudo desenvolvido na Inglaterra pela pesquisadora Phillippa Lally preconiza que são necessários de

---

* ELROD, Hal. *O milagre do amanhã*. Trad. Marcelo Schild. Rio de Janeiro: Best-seller, 2016, pp. 99-101.
** ELROD, op. cit.

66 a 254 dias para se estabelecer uma nova atitude a ponto de ela virar um hábito.* Particularmente, oriento meus alunos a trabalharem com o olhar voltado para insistir no período de três meses de comunicação profética, porém, sendo a ideia aqui formar um novo hábito e mudar o que é prejudicial, mencionar prazos confere certa segurança no início do processo. Afinal, ninguém quer que o velho jeito de viver retorne após quatro meses, certo?

É por isso que, polêmicas à parte, o que importa para nós é a dedicação em repetir. Em recente pesquisa realizada pela Universidade de Warwick, na Inglaterra, mais uma vez foi provado o que todos esses estudos e livros têm validado: você pode condicionar seu cérebro a formar um hábito positivo (como se exercitar, se alimentar de maneira saudável, ler, escrever, acordar cedo etc.), simplesmente, por meio da repetição daquela determinada atitude, até que ela se consolide no seu modo de vida.** É complexamente simples! Em outras palavras, é ensaiar, ensaiar e ensaiar até que, um dia, você acorda e verifica, na prática, que o novo hábito está instalado. Enfim: aconteceu!

> Estabeleça um objetivo a cada conquista que você tiver e comemore-a, celebrando grandes e pequenos triunfos.

Que nossos hábitos busquem essa identidade com o foco no mindset de crescimento mais inspirador de todos os tempos: o de Jesus.

Mesmo sendo Deus, Cristo ousou quebrar paradigmas e deu uma aula de como pensar, sentir, agir, enfim, como viver diante do desafio de transformar a humanidade definitivamente.

---

* LALLY, Phillipa; GARDNER, Benjamin. Promoting habit formation. *Health Phychology Review*, v. 7, S137-S158, 2013.
** Ibidem.

Aproximou-se, então, de Simão Pedro; e Pedro lhe disse: Senhor, tu lavarás os meus pés? Respondeu Jesus e disse-lhe: O que eu faço, tu não o sabes agora, mas depois tu saberás.
João 13:6-7

Merecedor de tudo, Jesus não exigiu nada. Ele nos mostrou que não importa quem somos ou o que enfrentamos: podemos surpreender com uma atitude mental de humildade, amor e gratidão. Embora fosse o maior dentre todos que O seguiam e não dependesse de ninguém, o Salvador lavou os pés de seus discípulos, em demonstração de extrema humildade, já que, naquela cultura, essa função cabia aos escravos da casa. Não dá para imaginar uma atitude mental de maior poder para o crescimento que a de Cristo. Aquele que não conheceu limites nos incentiva a reconhecer que precisamos uns dos outros e que tudo só muda quando nos permitimos mudar por dentro.

DA TEORIA À PRÁTICA

1. Sutis, mas sábias atitudes podem mudar toda uma vida. E você? Como vai mudar aquele hábito que tanto está o prejudicando? Escreva aqui, com as próprias palavras, aquilo que entende que precisa mudar.

....
....
....
....
....

2. Quais gatilhos disparam esse hábito?

....
....
....
....
....

3. Que tipo de recompensa você está recebendo por eles?

....
....
....
....
....

4. Como você poderia receber o mesmo tipo de recompensa, porém, com um hábito que não o prejudicasse?

....
....
....
....
....

5. Quais novas atitudes você terá para transformar o hábito?

....
....
....
....
....

6. Como vai fazer isso?

....
....
....
....
....

7. Quando começará?

....
....
....
....
....

8. Quem poderá colaborar ou até mesmo praticar junto, caso seja viável, esse novo comportamento?

....
....
....
....
....

9. Quem você vai pedir para o estimular a ir em frente, cobrando resultados das novas posturas?

....
....

10. Como você poderá medir os resultados alcançados?

INSPIRAÇÃO NA TELA
Poder além da vida vai fortalecer seu entendimento sobre a mentalidade de crescimento e, ainda, trará uma reflexão especial sobre o quão importante é ter humildade de rever nossos projetos, sonhos e objetivos.

QR CODE
Faça o seu Potinho de Gratidão. Desenvolva a habilidade de se encher de gratidão, mesmo pelas coisas mais simples e até pelos momentos inesperados e difíceis, aqueles que fizeram você sair da zona de conforto, se reinventar, ver a vida sob novas perspectivas. A gratidão é poderosa, um grandioso exercício emocional, social e espiritual.

No QR Code a seguir, por meio de um vídeo, eu mostro como realizar esse exercício.

Aliás, fica aqui meu registro de gratidão por poder expressar o que vivo por intermédio deste livro e por ter você como como leitor, uma pessoa tão especial. Gratidão... Que está registrada no Potinho! ♥

ESCANEIE-ME

CAPÍTULO 12

COMUNIQUE SUA VITÓRIA

Sua comunicação não pode ser vaga, aleatória ou imprecisa se você quer alcançar o sucesso.

Existem momentos em que mudar equivale a continuar vivo. Mudar de emprego, de hábitos, de amigos, até mesmo dar um basta a um relacionamento abusivo e recomeçar... Talvez, você tenha passado ou esteja passando por esse tempo em sua vida. Quem sabe, percebeu que a única maneira para ser feliz e sentir-se realizado, em plenitude, cumprindo a sua missão e dando um sentido à sua existência, ocorre pela fé na mudança. Só que, depois de decidir mudar, é preciso perseverar. A fé, por si só – seja na mudança, numa cura ou até no poder de Jesus –, exige de cada pessoa um grau mínimo de perseverança naquilo que crê. Caso contrário, não é fé: será, no máximo, pensamento positivo, que logo passará, ou mero devaneio das emoções, as quais, mais dia, menos dia, voltarão ao normal. Portanto, seja qual for o seu sonho (iniciar sua empresa própria, resgatar seu casamento, emagrecer, tornar-se um pai ou mãe presente, conquistar a casa própria etc.), se não houver fé, o sonho sucumbirá logo nos primeiros obstáculos. A meta cederá ao desânimo e a motivação vai dar espaço à procrastinação.

Mas aquele que suportar até o fim, esse será salvo.
Mateus 24:13

Na passagem citada anteriormente, Jesus fala sobre a eternidade. Se o Salvador nos revela o que é importante para o objetivo da alma, por que não aproveitar o ensinamento para compreender o que precisamos para uma vida relevante, abundante e feliz nesta Terra? Existirão dias em que você vai ter tanta coisa para fazer que será difícil encontrar tempo para seguir o que tinha planejado. É nessas situações que a sua garra fará toda a diferença. É ela que vai fazê-lo se lembrar das estratégias, das ferramentas e das opções – ou seja, daquele "mínimo importante" suficiente, ao menos, para não deixar seu ânimo desfalecer.

Para exercitar essa garra, tenha a consciência de que a forma com a qual você se comunica consigo mesmo, todos os dias, é muito importante. Você precisa ter cada célula do seu corpo e cada onda cerebral vibrando positivamente, mesmo diante dos obstáculos, com fé em sua capacidade de ter garra, resistência e firmeza.

Não lanceis fora a vossa confiança, a qual tem uma
grande recompensa. Porque necessitais de paciência,
para que, depois de haverdes feito a vontade de Deus,
alcanceis a promessa.
Hebreus 10:35-36

Acredite: há em você a capacidade de viver com essa firme, intensa e inabalável garra. Antes de mais nada, porém, é preciso acreditar nisso, de todo seu coração, com a mente consciente e subconsciente vivendo essa mesma fé que emana, em sua órbita física, por onde quer que você vá.

Existem estratégias muito eficazes para manter a garra para seu propósito. O que vou apresentar a seguir tem promovido uma revolução em minha vida, quanto aos meus objetivos e para o cumprimento das minhas metas. Vejo resultados igualmente extraordinários com as pessoas que acompanho ministerialmente, com meus clientes e alunos. Trata-se de um método multifocado que funciona como ferramenta estratégica de sucesso, unindo e potencializando as várias técnicas que fazem parte de sua transformação pessoal, trazendo ainda mais foco e sentido àquilo que não lhe passar despercebido, caso queira, de fato, realizar sua missão.

Comunicação profética

Comunicação não é só o que você verbaliza com palavras. Tudo comunica, o tempo inteiro: o que você pensa e diz a si mesmo, sua linguagem corporal, suas ações e até a sua falta de atitude. Tudo isso se transforma em um campo vibracional. A ciência tem comprovado que tudo o que existe emana determinadas vibrações em ondas, que podem ser medidas em hertz. Recentes pesquisas chegaram, inclusive, à conclusão de que todas as coisas no Universo foram criadas a partir de uma vibração sonora.

> *E disse Deus: Haja luz; e houve luz.*
> *Gênesis 1:3*
> *A vibração sonora de Deus deu início ao Universo.*

Não tenha medo de se abrir para esse tema, pois ele faz parte de sua inteligência que busca a mente de Cristo. Talvez agora você consiga entender por que, em outras ocasiões, as

> Você precisa ter cada célula do seu corpo e cada onda cerebral vibrando positivamente, mesmo diante dos obstáculos, com fé em sua capacidade de ter garra, resistência e firmeza.

coisas não aconteceram, mesmo após campanhas e mais campanhas de oração, votos, sacrifícios etc. Você precisava estar com todas as áreas de sua vida nessa mesma frequência, na mesma sintonia.

Em nosso cérebro também é possível medir os estados mentais por meio de frequências vibracionais, mensuradas, da mesma forma, em hertz. Elas são registradas e reproduzidas com o uso do eletroencefalograma. Ainda sobre as vibrações, um estudo recente, divulgado pela respeitada publicação científica *Scientific American*, intitulado *The hippies were right: It's all about vibrations, man! A new theory of consciousness* [em tradução livre, "Os *hippies* estavam certos: é tudo vibração, cara! Uma nova teoria da consciência"], de Tam Hunt.* O artigo em questão cita diversos pesquisadores e neurocientistas do mundo todo que têm dedicado à vida a estudar esse assunto e chegado a uma conclusão semelhante, apesar das abordagens distintas para um mesmo tema.

Pare e respire fundo agora! O que você vai ler pode mudar toda a sua vida se você souber usar essa informação e conectá-la com o que a Palavra de Deus ensina. Para mim, foi uma revelação misteriosa e transformadora. Atente para essa informação, pois ela é muito importante para saber o que deve fazer a fim de realizar os sonhos que o Senhor colocou em seu coração: a conclusão é a de que não se trata apenas da forma como os neurônios vibram, mas também o tipo de vibração que eles têm – e mais importante ainda: como um neurônio se comunica com o outro. É por isso que todas as

---

* HUNT, Tom. The Hippies Were Right: It's All about Vibrations, Man!. *Scientific American*, 5 dez. 2018, Disponível em: <https://blogs.scientificamerican.com/observations/the-hippies-were-right-its-all-about-vibrations-man/>. Acesso em: 17 jul. 2020.

maneiras que você tem de comunicar vida abundante precisam ser acionadas e sua comunicação deve ser focada em alinhar seu propósito de vida e suas ações, princípios e valores com seus pensamentos, sentimentos, atitudes e esperança para o futuro. Lembre-se: tudo é comunicação. Você só vai mudar e alcançar a realização de seus objetivos ao vivenciar a comunicação de vida abundante desde já, de forma que esse processo represente algo coerente e alinhado com todas as vertentes de sua vida.

Nesse contexto, a comunicação profética consiste em um olhar abrasador sobre o objetivo, trazendo uma sinergia intensa que une os pensamentos, os sentidos e o agir com novos hábitos e comportamentos, ou seja, a comunicação. Sob esse prisma, por três meses a partir da definição de um objetivo, a garra é exercitada todos os dias, a fim de cumprir cada uma das metas determinadas.

No QR Code no fim do capítulo, você terá acesso a um vídeo explicativo e demonstrativo de cada tópico da comunicação profética, bem como ao PDF dessa ferramenta para baixar e imprimir. Isso é necessário porque, certamente, virão muitos outros sonhos depois de realizar um de seus objetivos em velocidade surpreendente.

COMUNICAÇÃO PROFÉTICA Imprima a cada semana e gerencie o uso das suas armas rumo à vitória! PARA VIRAR UM HÁBITO, FAÇA PELO MENOS POR 12 SEMANAS.		Circule se fez ou se não fez	Dê uma nota de 0 a 10 para seu grau de empenho esta semana
Imersão em modo *looping*	3 pessoas de sucesso que conquistaram algo parecido com este seu objetivo que você vai modelar (neste capítulo, ainda vou explicar o que é a modelagem)	✓ ✗	
	3 livros para ler dentro da temática do seu objetivo	✓ ✗	
	1 site sobre o tema para navegar com frequência	✓ ✗	
	1 curso (pode ser on-line) a respeito do assunto	✓ ✗	
	3 canais no YouTube para destrinchar e constantemente visitar que aborde esse seu objetivo	✓ ✗	
	3 canais de podcast, no mínimo, de conteúdo sobre o que você deseja alcançar	✓ ✗	
Postura de vencedor		✓ ✗	
Potinho de gratidão		✓ ✗	
Ensaio mental em situações específicas		✓ ✗	
Afirmações positivas de vida abundante		✓ ✗	
Oração inspirada na Palavra de Deus			

Período de tempo em meses:
Nota de 0 a 10 para seu empenho a cada mês.
Início/dia:

1	2	3	4	5	6	7	8	9	10

Porque como ele pensa em seu coração, assim é ele.
Provérbios 23:7

O que acontece quando você pensa muito em uma coisa? Você a sente e, consequentemente, traz esse sentimento para a maioria de seus comportamentos (comunicação). A Palavra de Deus ensinou o que a ciência explicou pelo avanço da tecnologia de mapeamento cerebral em pesquisas dos mais diversos lugares do mundo: a mente humana não distingue o que é realidade da imaginação. Essa comprovação é parte do mistério poderoso dos milagres que vêm pela fé, mas também explica o quanto tantos de nós, ao entrar numa fase difícil sem a superação e ressignificação daquela adversidade, temos a onda de negatividade ativa por mais tempo do que poderíamos desejar.

Porque aquilo que eu grandemente temia me sobreveio;
e aquilo o que eu receava me sobreveio.
Jó 3:25

Sua comunicação não pode ser vaga, aleatória ou imprecisa se você quer alcançar o sucesso e deseja usar essa importante ferramenta para transformar sonhos em realidade. Além disso, de forma alguma pode ser focada no problema.

Quanto ao mais, irmãos, tudo o que é verdadeiro, tudo
o que é honesto, tudo o que é justo, tudo o que é puro,
tudo o que é amável, tudo o que é de boa fama, se há
alguma virtude, e se há algum louvor, nisso pensai.
Filipenses 4:8

Certa vez, tive um cliente do coaching que se lançou num desafio de mudar de profissão, de assessor de investimentos para produtor de conteúdo audiovisual multimídia. Ele estava a todo o vapor, com um plano de ação bem delimitado, quando foi surpreendido pela notícia de que sua mãe havia sido diagnosticada com uma séria enfermidade. O hábito da comunicação profética foi de extrema importância, pois, ao se ver desanimado e paralisado, foram as afirmações positivas, a imersão no modo looping, o ensaio mental e as visualizações proféticas, acompanhados de ações de graças e louvor, que fizeram toda a diferença na vida daquele homem. Enquanto escrevo este livro, me alegro imensamente em registrar que a mãe dele está completamente curada. Na verdade, algo milagroso aconteceu, pois nem os médicos souberam explicar como um câncer desapareceu daquela maneira. Eu creio que o que essa mulher experimentou não tem outro nome: é milagre. Simples assim.

Imergir-se no modo looping equivale a mergulhar no tema do seu objetivo. Comunicar também significa voltar-se para o conteúdo que o inspira a continuar rumo a seus intuitos e se alimentar de tudo o que diz respeito a ele. Isso quer dizer que você vai ler, assistir, ouvir e alimentar sua mente com o que é positivo, o que o aproxima de seus resultados desejados.

Gosto da palavra looping, pois ela é usada em referência aos movimentos que os aviões fazem ao traçar rotas em laço. O termo também é utilizado no meio musical, em alusão a um trecho de áudio que se repete muitas e muitas vezes.

Sendo assim, o looping serve para inflamar ainda mais o seu foco. Para os próximos três meses, portanto, determine que você viverá intensamente uma imersão completa com o auxílio de ferramentas como cursos, leitura de livros e observação de pessoas que têm a ver com suas metas de vida. Comece relacionando o seguinte:

- 3 pessoas de sucesso que conquistaram algo parecido com o objetivo que você vai modelar;
- 3 livros para ler dentro da temática do seu objetivo;
- 1 curso (pode ser on-line) sobre seu assunto;
- 1 site sobre o tema, no qual navegar com frequência;
- 3 canais de podcast, no mínimo, de conteúdo sobre o que você deseja alcançar;
- 3 canais no YouTube que abordem esse seu objetivo, os quais você vai visitar constantemente.

Siga todas as dicas e as realize no modo looping. Isso porque não basta definir quais serão as pessoas para modelagem, os livros a serem lidos, o curso a ser feito etc. É preciso se aplicar destemidamente ao consumo repetitivo, fichando, grifando, fazendo um resumo, contando para os outros sobre o que está aprendendo, tudo a fim de fortalecer a fixação do aprendizado. Você vai, rapidamente, respirar seu objetivo e viver seu sonho de forma intensa, como uma preparação para a hora em que, por fim, estiver vivendo-o. Isso significa ter uma fé tão grande que você se prepara para quando chegar o tempo de viver o seu milagre.

Aquele cliente mencionado anteriormente se dedicou a cursos presenciais e on-line, buscou livros de autoridades dentro do segmento no qual estava se inserindo, pegou dicas de quem o inspirava (mandou e-mails até obter respostas, participou de lives de quem admirava) e selecionou, ainda, documentários e filmes de sucesso lhe deram mais potência e foco para manter-se firme em seu objetivo. Hoje, esse mesmo homem é um produtor multimídia requisitado e valorizado, além de feliz e realizado, com clientes satisfeitos e que o indicam para seus contatos devido à qualidade de seu trabalho.

> *A modelagem é uma forma de aprendizagem que parte da ideia de que se alguém pode conseguir alguma coisa, todos podem. Tome então, como modelo, a mentalidade que direcionou os passos daquele indivíduo de sucesso e busque copiar suas estratégias. A estratégia é eficaz, pois ajuda a ganhar tempo ao voltar seu olhar para o que pode aprender, inclusive quanto ao padrão de comunicação que fez aquela pessoa alcançar seus propósitos. Na modelagem, procure, ao máximo, manter sua atenção nos mínimos detalhes.*

Postura corporal de vitória

Já vimos que a comunicação vai muito além do que aquilo que apenas se verbaliza. Sua postura corporal também aciona poderosos hormônios, conforme provou importante pesquisa desenvolvida por Amy Cuddy, neurocientista, psicóloga e pesquisadora da Universidade de Harvard, nos Estados Unidos: a postura de super-herói (mãos na cintura, peito para fora, cabeça erguida, costas eretas) por apenas dois minutos foi capaz de aumentar níveis hormonais da testosterona e, ao mesmo tempo, diminuir os de cortisol para, respectivamente, +20% e -15%. O estudo de Amy provou, ainda, que 86% das pessoas que fizeram a postura de poder tiveram coragem de arriscar, contra 60% dos participantes que ficaram em posições mais encurvadas e cabisbaixas. Isso porque, segundo a pesquisadora, mudando sua postura, você prepara seus sistemas mentais e psicológicos para enfrentar desafios e situações estressantes, além de aumentar sua confiança e melhorar sua performance naquilo que se propõe a fazer.*

Potinho de gratidão

Não subestime esse potinho... Está bem, se preferir, faça um caderno de gratidão. O que recomendo, porém, é que o leitor escreva nele diariamente, com sentimento sincero e atenção. De vez em quando, dê uma olhadela no que está escrito ali. Você ficará surpreso! A gratidão tem que ser sua companheira inseparável, por isso ter seu potinho (ou caderninho) faz tanta diferença, é tão importante e eficaz. A gratidão traz à tona muitos outros sentimentos que nos ajudam a manter o foco, a determinação, a alegria, a plenitude e a satisfação de vencer e conquistar algo que queremos muito. Esses elementos nos impulsionam rumo às atitudes que farão nossos sonhos se realizarem (é agir na certeza daquilo que não se vê, ou seja, é fortalecer a nossa fé). Envolva emoções que fazem parte de um mindset de crescimento e agradeça a realização de seus objetivos e de suas conquistas! A maioria das pessoas não faz isso quando decide por um novo objetivo ou meta.

> *(Como está escrito: Eu tenho feito de ti um pai de muitas nações) diante de Deus, em quem creu, que vivifica os mortos, e chama as coisas que não são como se elas fossem.*
> *Romanos 4:17*

---

* CUDDY, Amy. *O poder da presença*: Como a linguagem corporal pode ajudar você a aumentar sua autoconfiança e enfrentar os desafios. Trad. Ivo Korytowski. Rio de Janeiro: Sextante, 2016. CUDDY, Amy. Sua linguagem corporal molda quem você é. *TEDGlobal 2012*, jun. 2012. Disponível em: <https://www.ted.com/talks/amy_cuddy_your_body_language_may_shape_who_you_are?language=pt-br>. Acesso em: 29 jul. 2020.

Este é um dos segredos que você precisa registrar no seu HD cerebral! A mente não distingue realidade do que é imaginação, lembra? É por isso que recebemos mais e mais daquilo que mais pensamos e comunicamos, com sentimento e emoção, mesmo que não verbalizemos. Sinta gratidão, de todo o coração, com seus pensamentos e sua linguagem corporal, escrita e postural.

Ensaio mental

Executar mentalmente determinados comportamentos que lhe serão necessários para o resultado que precisa ter é realizar o que chamamos de ensaio mental. O neurocientista Joe Dispenza, autor de muitos livros sobre transformação pessoal, narra em seu *Quebrando o hábito de ser você mesmo* uma surpreendente constatação de pesquisas realizadas com pessoas que ensaiaram, apenas mentalmente, exercícios de piano durante duas horas por dia, cinco vezes por semana. Mesmo sem nunca terem tocado nas teclas desse instrumento na vida, as mudanças no cérebro dos participantes foram semelhantes às daqueles indivíduos que efetivamente ensaiaram piano pela mesma quantidade de tempo.[*] A repetição (que deve ser praticada nessa estratégia de manutenção de garra e foco), portanto, instala um tipo de processamento interno que nos permite ficar tão envolvidos em nossas imagens mentais que o cérebro modifica suas conexões, mesmo sem se ter experimentado o evento real. Trata-se de um novo registro no que Dispenza chama de nosso "hardware neural". Esse é o ensaio mental – você pode ensaiar com pessoas difíceis, situações que geram desconforto, lugares que disparam gatilhos de hábitos prejudiciais ou ocasiões específicas, como entrevistas de emprego e palestras em público.

---

[*] DISPENZA, Joe. *Quebrando o hábito de ser você mesmo*: Como desconstruir a sua mente e criar uma nova. Trad. Celso Paschoa. Porto Alegre: CDG, 2018.

Imagine o leitor que daqui a duas semanas encontrará uma pessoa com quem tem um relacionamento conflituoso, com quem já discutiu inúmeras vezes

> Mudando sua postura, você prepara seus sistemas mentais e psicológicos para enfrentar desafios e situações estressantes.

e que, facilmente, consegue tirá-lo do sério. Em vez de começar a reclamar, resmungar, amaldiçoar, fazer cara feia e sentir raiva cada vez que pensa no inevitável encontro, ensaie mentalmente seu comportamento e postura ao se colocar frente a frente com esse indivíduo. Sinta compaixão, leveza e paz em relação a esse encontro e ensaie, mentalmente, por pelo menos cinco minutos, no presente, sentindo como se já estivesse lá e essa fosse sua melhor experiência já vivida. Busque pensar nas expressões faciais que comunicam simpatia, empatia, respeito, compreensão e admiração. Ao mesmo tempo, desvie-se de sentimentos como raiva ou medo. Você pode! Esse poder foi dado por Deus, quando depositou em nós a capacidade de escolher, ou seja, o livre-arbítrio. Se vir o medo chegando, aceite-o como a emoção cuja razão de existir é apenas o registro de algo que você não quer mais. Reconheça-o e deixe-o ir logo embora. Acesse o QR Code a seguir para acompanhar uma técnica guiada de ensaio mental que você poderá ouvir quantas vezes forem necessárias, até que a torne mais fácil de executar quando estiver sozinho.

DA TEORIA À PRÁTICA

1. Defina claramente quais itens estarão no seu looping, comunicando profeticamente sua vitória. Estabeleça esse looping por três meses. A boa vontade de praticar essas técnicas fortalecerá sua garra e resiliência, tão determinante para você permanecer no caminho planejado até mesmo quando a força ficar fraca. Imprima a comunicação profética e cole-a em algum lugar que você veja constantemente para que lhe sirva de estímulo.

....
....
....
....

2. Pratique a comunicação de alguém que tem certeza de que vai chegar lá. Para tanto, acione seus hormônios de sucesso, executando a linguagem corporal do super-herói, que traz resultados imediatos em seu ânimo, coragem e garra. Lembre-se: bastam dois minutos na postura corporal da vitória para que você sinta os efeitos dela.

....
....
....
....
....

3. Se você ainda não fez o seu potinho de gratidão, o que está esperando? Seja o potinho ou o caderninho, ele será muito importante para a persecução dos seus objetivos. Ali, você vai registrar seus motivos de gratidão, de modo que possam ser constantemente lembrados.

....
....
....
....

4. Pratique o ensaio mental em situações específicas. Acesse o site www.biancapagliarin.com.br/feliz-e-fora-da-caixinha-capitulo-12/ensaiomental para aprender na prática.

....
....
....
....
....

Prepare-se para o próximo capítulo, por meio do qual vai aprender sobre afirmações e visualizações proféticas, aliadas a uma comunicação diretamente com o Todo-Poderoso – tudo a fim de manter sua garra para ir até o fim, não desistindo no meio do caminho.

INSPIRAÇÃO NA TELA

Até que ponto se pode ir – e sofrer – para alcançar um objetivo? *Homens de honra* é um filme baseado na luta de uma pessoa por seus objetivos, com garra e resiliência. Cuba Gooding Jr. interpreta Carl Brashear, jovem negro e pobre que ingressa na Marinha americana dos anos 1950, época em que o racismo era fortemente impregnado em todas as instituições do país. Brashear sonha em ser mergulhador, mas tem de enfrentar o preconceito, o desrespeito e a oposição de seus colegas e superiores brancos – contudo, desistir não faz parte de sua personalidade.

QR CODE

Acesse o QR Code a seguir e baixe a ferramenta da comunicação profética. Vá assinalando com um "x" aquilo que já está praticando ou o que ainda precisa realizar. Todos os tópicos estão explicados no site para que não fique nenhuma dúvida sobre o que fazer. no entanto, se ainda assim houver algo a ser mais bem esclarecido, é só mandar um e-mail pela própria plataforma on-line.

CAPÍTULO 13

UNINDO RACIONAL, EMOCIONAL E ESPIRITUAL

A Palavra de Deus nos ajuda a despertar aquilo que dorme em nosso subconsciente.

NOSSA JORNADA RUMO À MUDANÇA RADICAL NA MANEIRA DE viver começa sempre pela conscientização acerca da nossa condição. Logo no capítulo 1 desta obra, vimos que para mudar basta estar vivo. Por óbvio que pareça, a verdade é que há aqueles que já não acreditam que a mudança seja possível – ou, pior ainda, não se sentem capazes ou merecedores de uma vida abundante. No capítulo 2, portanto, fiz questão de abrir o coração e contar minha jornada da morte para a vida. Se aconteceu comigo, por que não pode acontecer a você? Mais adiante, falamos sobre sentimentos como autoestima, gratidão, resiliência e entendemos como nossos pensamentos podem construir uma nova história de vida. Nesse processo, identificar, combater e eliminar as crenças limitantes é um passo básico.

Nos capítulos 6 e 7, conversamos a respeito da essencialidade do perdão e sobre como carregar mágoas e ressentimentos equivale a subir uma trilha íngreme transportando bagagens pesadas nas costas. Não é possível atingir o alvo da vida abundante enquanto o rancor estiver corroendo nosso coração e nossa mente. Dali em diante, *Feliz e fora da caixinha* assume uma perspectiva, digamos, mais técnica, com orientações consagradas pela prática, pela Psicologia e pela ciência a fim de estabelecer e manter o foco nas metas. Estudamos pressupostos fáceis de aplicar na busca do alinhamento entre atitudes e valores, atitude que fundamenta nossa jornada rumo à plenitude. "Treine suas emoções" e "O poder do hábito" foram capítulos com muitos exercícios, visando à consolidação do seu novo "eu". Contudo, ao longo de toda esta obra, você já percebeu o valor e a indispensabilidade que confiro à vida espiritual. Cada ideia abordada nestas páginas se inspira, portanto, não apenas na ciência, mas também na Palavra de Deus, fonte de sabedoria e de orientação – o manual de instruções do divino fabricante para o máximo aproveitamento como a criação com o potencial de também criar, à Sua imagem e Sua semelhança.

> *Quanto ao mais, irmãos, tudo o que é verdadeiro, tudo o que é honesto, tudo o que é justo, tudo o que é puro, tudo o que é amável, tudo o que é de boa fama, se há alguma virtude, e se há algum louvor, nisso pensai.*
> *Filipenses 4:8*

Qualquer pessoa, independentemente de quão desenvolvida é sua espiritualidade, compreende a verdade expressa em Gálatas 6:7: tudo o que semearmos, certamente vamos colher. No coração podemos plantar uma vida de significado, propósito e transformação – ou, então, uma existência marcada por tristeza, medo e murmuração. Pensar que é possível viver a metamorfose tem importância, mas não é tudo. O seu pensamento precisa seguir na mesma direção do sentir, numa experiência de gratidão e como o privilégio que é. Apenas pensar positivo não fará as coisas serem diferentes; é necessário pensar, ver,

> Você precisa estar alinhado na sintonia da abundância. Sua mente, alma, espírito e corpo devem estar nesse mesmo alinhamento, na sintonia divina.

sentir e vibrar na mesma sintonia. Tome como exemplo uma estação de rádio: o programador da emissora selecionou a execução de *Jesus, alegria dos homens*, de Bach, para as 10h da manhã. Todavia, o fato de a peça estar programada para transmissão naquele horário não é suficiente para que você ouça a música. Será preciso, de sua parte, a iniciativa de ligar o aparelho e selecionar a estação na hora exata da transmissão – caso contrário, não será possível escutar a música desejada. Então, a música precisa estar programada; o rádio, ligado; a estação, sintonizada corretamente; e você tem de ouvi-la na hora certa.

Analogicamente, o mesmo acontece em relação ao acionamento da sua fé para configurar essa plenitude existencial. A vida plena foi o objetivo inicial do Criador, mas nos desviamos do caminho. Jesus veio para nos "trazer de volta" ao projeto original, porém, nossa mente, nossas emoções e nosso espírito precisam estar alinhados na sintonia dessa plenitude divina.

O que muitos ignoram é que temos uma programação na mente consciente e outra programação imersa em nosso subconsciente. O que é consciente é a ponta do iceberg. Estima-se que apenas 5% de nossa operação diária é trabalhada em nosso consciente; os 95% restantes são mensagens e pensamentos enraizados em nosso subconsciente, e é exatamente neste ponto que voltamos às crenças limitantes muitas vezes aprendidas na infância.* O trabalho para a transformação da

---

* FAITH HOPE & PSYCHOLOGY. 80 % of Thoughts Are Negative...95 % are repetitive. 2 mar. 2012. Disponível em: <https://faithhopeandpsychology.wordpress.com/2012/03/02/80-of-thoughts-are-negative-95-are-repetitive/>. Acesso em: 29 jul. 2019. MEIJER, Dirk K. F.; GEESINK, Hans J. H. Consciousness in the Universe is Scale Invariant and Implies an Event Horizon of the Human Brain. *NeuroQuantology*, v. 15, n. 3, pp. 41-79, set. 2017. Disponível em: <http://prsinstitute.org/downloads/related/philosophy/consciousness/ConsciousnessintheUniverseisScaleInvariant.pdf>. Acesso: 29 jul. 2020.

mentalidade envolve a mente consciente e subconsciente, num empenho que altera crenças por meio de estratégias que as próprias Escrituras nos revelam: afirmações positivas, visualização profética criativa e oração, conforme Jesus nos ensinou na Palavra de Deus.

Afirmações positivas são capazes de reprogramar nossas crenças, e as Sagradas Escrituras estão repletas delas. Veja alguns exemplos de afirmações relacionadas a:

+ **Identidade**
"Que o fraco diga: *Eu* sou forte" (Joel 3:10); "Mas em todas estas coisas somos mais do que vitoriosos, através daquele que nos amou" (Romanos 8:37); "para que Cristo habite no vosso coração pela fé; a fim de, estando arraigados e fundados em amor" (Efésios 3:17).

+ **Capacidade**
"Eu posso fazer *todas* as coisas por meio de Cristo, que me fortalece" (Filipenses 4:13); "para que vos conceda, segundo as riquezas da sua glória, que sejais fortalecidos com poder pelo seu Espírito no homem interior" (Efésios 3:16).

+ **Valor**
"Pois pela graça sois salvos por meio da fé; e isso não é de vós mesmos; isso é o dom de Deus" (Efésios 2:8); "Aquele que não poupou a seu próprio Filho, mas o entregou por todos nós, como não nos dará gratuitamente também com ele todas as coisas?" (Romanos 8:32); "Bendito *seja* o Deus e Pai de nosso Senhor Jesus Cristo, o qual nos abençoou com todas as bênçãos espirituais nos *lugares* celestiais em Cristo; conforme ele nos escolheu nele antes da fundação do mundo, que devemos ser santos e sem culpa diante

dele em amor; e nos predestinou para filhos de adoção por Jesus Cristo, para si mesmo, segundo o complacência da sua vontade, para louvor da glória da sua graça, pela qual nos fez aceitáveis a si no Amado. Em quem temos a redenção pelo seu sangue, o perdão dos pecados, segundo as riquezas da sua graça; que ele tornou abundante para conosco em toda a sabedoria e prudência, tendo feito conhecido entre nós o mistério da sua vontade, segundo a sua complacência, que propusera em si mesmo; que na dispensação da plenitude dos tempos, *ele* possa reunir em uma todas as coisas em *Cristo*, tanto as que estão no céu como as que estão na terra; *nele*" (Efésios 1:3-10).

Porque eu sei os pensamentos que tenho sobre vós, diz o SENHOR, pensamentos de paz, e não de mal, para vos dar o fim que esperais.
Jeremias 29:11

Que visão extraordinária a nosso respeito! São muitos os motivos para acreditarmos que nascemos para viver a plenitude nesta vida. Trabalhe com sinceridade suas afirmações. Fazer isso diariamente é a estratégia que vai transformar a autossabotagem em fé inabalável. Elabore uma lista, ao final deste capítulo, de pelo menos 20 características positivas sobre quem você é em Deus, o que pode fazer por meio de Jesus e o seu valor não por merecimento, mas pela graça maravilhosa do Senhor. É dessa maneira que o leitor vai acelerar a velocidade de suas conquistas e acionar, com sabedoria e reverência, os recursos poderosos que o Pai colocou à sua disposição: a comunicação (verbal e não verbal, com seus pensamentos e postura), os seus 5 sentidos e os seus sentimentos.

> Trabalhar para a transformação de sua mentalidade precisa envolver a mente consciente e o subconsciente.

Quando fizer as afirmações de vitória e plenitude, abra seu coração e as vivencie com sentimento e gratidão, assim como as encontradas na Palavra de Deus:

"Eu sou forte" (Joel 3:10).
"Eu sou mais que vencedor" (Romanos 8:37).
"Eu sou filho de Deus" (João 1:12).
"Eu sou próspero" (Deuteronômio 30:9).
"Eu sou amado" (João 3:16).
"Eu tenho muito valor" (1João 4:10).
"Em Jesus, eu tenho tudo de que preciso" (João 15:5).
"Eu tenho talentos exclusivos"(1Coríntios 6:19-20).
"Eu posso todas as coisas" (Filipenses 4:13).
"Eu tenho poder interior pelo Espírito de Deus" (Efésios 3:16).
"Eu tenho vida em abundância" (João 10:10).
"Eu tenho autoridade, em Nome de Jesus"(Lucas 10:19).
"Eu sou precioso" (Efésios 2:8).
"Eu signifiquei o mais alto preço: o sangue de Jesus"(Atos dos Apóstolos 17:11).
"Pela graça, recebi o prêmio da liberdade" (Efésios 1:6-8).
"Eu faço parte de algo muito importante" (1Coríntios 12:27).
"Eu faço acontecer" (Eclesiastes 9:10).
"Eu sou uma nova pessoa" (1Coríntios 5:17).
"Eu sou liberto de velhos desejos e hábitos prejudiciais" (Hebreus 8:12).
"Eu sou puro e transformado" (1Coríntios 6:10-12).
"Eu sou propriedade do Senhor" (Gálatas 2:20).
"Eu sou eleito e escolhido" (Colossenses 3:12).
"Eu sou amável" (Hebreus 13:1-2).
"Eu sou íntegro" (Filipenses 4:5).
"Eu sou responsável e cuidadoso com minha família" (1Carta a Timóteo 5:8).

"Eu sou o sal da terra" (Mateus 5:13).
"Eu sou a luz do mundo" (Mateus 5:14).
"Eu sou amigo do Senhor" (João 15:15).
"Eu sou templo do Espírito Santo" (1Coríntios 6:19,20).
"Eu sou resiliente" (Filipenses 4:12).
"Eu sou consciente"(1Carta a Timóteo 1:19).
"Eu sou eleito, consagrado, apreciado, misericordioso, benigno, humilde, manso e paciente" (Colossenses 3:12).
"Eu sou grato" (Filipenses 4:6-7).

Quanta riqueza há na Palavra de Deus! Ela tem poder extraordinário para nos conscientizar acerca de quem somos, de nosso potencial e de nossos propósitos na vida. Na lista anterior, podemos contemplar algumas das maravilhosas expressões registradas na Palavra a respeito de quem somos, sobre quem Deus nos criou para ser e fazer, bem como sobre o quanto o próprio Criador confia em nós para possuir, administrar e viver o que Ele nos preparou. São profundas afirmações poderosas de identidade, capacidade e valor!

Suas afirmações devem se tornar parte diária do seu cotidiano, de preferência ao acordar. Mantenha-as visíveis e, até que as interiorize e memorize, olhe diariamente para elas, declarando-as com sentimento, presença e gratidão pelo que Deus está revelando a cada dia.

Combater crenças negativas e vencer pensamentos que querem empurrá-lo para baixo e paralisá-lo exige comprometimento e dedicação. As afirmações têm de ser trabalhadas, tanto no nível da consciência como no subconsciente. Precisamos nos libertar de preconceitos, em especial quando se trata do que a ciência tem comprovado por meio de rigorosos estudos. Evidências cada vez mais incontestáveis revelam que existem 2 níveis de pensamento – os conscientes e os subconscientes –, e é por essa razão que, por mais que nos esforcemos, alguns comportamentos insistem em passar desapercebidos em nosso inconsciente.*

É sabido que o cérebro produz mais de 6 mil pensamentos todos os dias. O detalhe é que a maior parte deles surge sem que

> Acione, com sabedoria e reverência, os recursos poderosos que o Pai colocou à sua disposição: a comunicação (verbal e não verbal, com seus pensamentos e postura), os seus 5 sentidos e os seus sentimentos.

a gente se dê conta ou possa fazer qualquer coisa para impedir. Na verdade, isso é fundamental, porque tais pensamentos dão a nossos órgãos vitais os comandos para que funcionem sem que precisemos emitir ordens conscientes para que nosso coração bata ou rins filtrem nosso sangue.**

Sem subconsciente, a humanidade simplesmente não sobreviveria. No entanto, precisamos compreender que no mundo em que vivemos somos bombardeados por mensagens negativas o tempo todo. Somos alvo das setas constantes do inimigo. Estudos publicados em fontes diversas afirmam padrões que podem estar em torno de 75% de conteúdo negativo. A mudança que queremos viver só será possível se buscarmos maior consciência de nossos pensamentos, assumindo o controle deles e de forma que possamos experimentar a neuroplasticidade, isto é, a transformação de mentalidade desde aquele nível.*** Paulo, o escritor bíblico, não era neurocientista, mas foi inspirado pelo Espírito Santo para revelar que precisamos da renovação de nossa mente.

---

* PAYNE, Keith. Your Hidden Censor: What Your Mind Will Not Let You See. *Scientific American*, 11 jun. 2013. Disponível em: <https://www.scientificamerican.com/article/your-hidden-censor-what-your-mind-will-not-let-you-see/>. Acesso em: 29 jul. 2020.
** LIBERATORE, Stacy. Average person has over 6,000 thoughts per day, according to study that isolated a 'thought worm' in the human brain showing when an idea begins and ends. *The Daily Mail*, 16 jul. 2020. Disponível em: <https://www.dailymail.co.uk/sciencetech/article-8531913/Average-person-6-000-thoughts-day-according-study-isolated-thought-worm.html>. Acesso em: 29 jul. 2020.
BARGH, John A. How Unconscious Thought and Perception Affect Our Every Waking Moment. *Scientific American*, jan. 2014. Disponível em: <https://www.scientificamerican.com/article/how-unconscious-thought-and-perception-affect-our-every-waking-moment/>. Acesso em: 29 jul. 2020.
*** FAITH HOPE & PSYCHOLOGY, op. cit. ANTANAITYTE, Neringa. Mind Matters: How To Effortlessly Have More Positive Thoughts. *TLEX Institute*. Disponível em: <https://tlexinstitute.com/pt/how-to-effortlessly-have-more-positive-thoughts/>. Acesso em: 29 jul. 2020.

DA TEORIA À PRÁTICA

Que tal introduzir afirmações positivas ao seu dia a dia? Insira esses momentos em sua rotina! Eles não tomam mais do que cinco minutos, mas têm um poder extraordinário. Em pouco tempo, você perceberá o efeito benéfico e transformador que elas lhe proporcionarão.

1. **Na hora em que acordar, para trabalhar no nível do seu consciente:**
   - Comece seus dias com essas afirmações positivas sobre si mesmo, de preferência, ao acordar. Se não for possível declará-las nesses primeiros momentos da manhã, faça-as quando conseguir— só não deixe de fazer!
   - Aproveite um arquivo de áudio disponível no site em www.biancapagliarin.com.br/amanhecerpositivo para ouvir uma técnica de atenção plena seguida de afirmações positivas para a manhã.
   - Respire profundamente por pelo menos um minuto, de modo diafragmático. Isso é fundamental para trazer sua presença para o agora, o que é diferente de simplesmente estar presente. Ter presença na ação, nesse caso, significa realizar suas afirmações com sentimento, compreendendo o significado de cada uma dessas verbalizações — o que, conforme já vimos, nada tem a ver com meras repetições de conteúdo. Sinta a Palavra que afirma e vibre essas afirmações.
   - Verbalize em todos os modos de comunicar: use sua linguagem corporal, cerre os punhos e erga os braços como quem celebra força e vitória.
   - Considere o que foi comprovado cientificamente: ondas cerebrais são correntes que pulsam em frequências variadas. Tudo no Universo, desde uma folha de papel até seus pensamentos, possui determinada frequência vibracional em hertz. Comunicar as afirmações proféticas unindo a frequência vibracional que se comprovou ser a mais abundante na natureza em equilíbrio, portanto, faz parte de uma estratégia para tirar o máximo proveito da prática. Desse modo, ficará muito mais fácil entrar nesse lugar espiritual e profético. Além de buscar

músicas cujo processamento do arquivo de áudio foi feito na frequência vibracional de 432 hertz (frequência vibracional predominantemente encontrada na natureza), procure usar batidas binaurais, a fim de que o impacto positivo da técnica alcance tanto o hemisfério que é predominantemente racional (esquerdo) como o dominantemente emocional (direito). Binaurais são exatamente relacionados a este tipo de som que chega de maneira específica e percebida.*

- Opte por músicas instrumentais, a fim de evitar distrações. A letra, mesmo que seja uma canção que fale de vitória e amor, acaba provocando perda de foco nas palavras que estão sendo ditas. Faça o exercício com atenção plena para tirar o máximo proveito dele. Acesse www.youtube.com/biancapagliarin e veja uma entre minhas playlists onde criei um conteúdo de músicas que poderão te ajudar neste momento de aquietar a mente.
- Faça desse comportamento parte de quem você é, determinando também uma motivação irrefreável para realizar o que precisa a fim de alcançar suas metas.
- Mesmo nos fins de semana, faça das afirmações um momento muito especial de sua rotina.
- Encare esse momento das afirmações como sua oportunidade pessoal de higiene espiritual, com sua visualização profética e a oração.

2. Pelos próximos três meses, a fim de trabalhar sua mente inconsciente — a maior responsável por nossa comunicação ser feita no piloto automático —, durma ouvindo uma música relaxante, que vai trabalhar as ondas que correspondem ao nível de acesso, com as afirmações que enumeramos anteriormente. Nas primeiras experiências, o volume deve estar mais elevado; depois cada vez mais baixo, até que fique praticamente imperceptível, facilitando que você pegue no sono.

---

* KONISHI, Masakazu. Listening with two ears. *Scientific American*, 1 set. 2006. Disponível em: <https://www.scientificamerican.com/article/listening-with-two-ears-2006-09/>. Acesso em: 29 jul. 2020.

Se tiver dificuldade de dormir com a música, busque pelo menos ouvir por trinta minutos o arquivo disponível no meu site ou diretamente pelo QR Code a seguir. Assim, o leitor estará se cercando de estratégias para comunicar à mente a criação de novos neurônios e sinapses neurais, trazendo à tona a renovação mental ou, falando de forma científica, a neuroplasticidade, a fim de viver o milagre que Deus já preparou para você.

INSPIRAÇÃO NA TELA

Benjamin Carson, um dos mais respeitados neurocirurgiões do mundo, tem sua trajetória narrada no filme *Mãos talentosas*. Em 1987, o médico alcançou renome global por seu desempenho na bem-sucedida separação de gêmeos siameses unidos pela parte posterior da cabeça – uma cirurgia cuja complexidade desafiava a medicina até então. Foram nada menos que cinco meses de preparativos e vinte e duas horas de procedimento, reunindo uma equipe multidisciplinar comandada por Carson. A história toda é fascinante, mas o que chama atenção, no filme, é o valor das afirmações positivas. Negro e de origem humilde, Carson encontra na mãe, analfabeta, a sabedoria e o estímulo necessários a empreender uma improvável carreira profissional de sucesso. Constantemente, ela dizia ao filho quão maravilhosos eram os projetos de Deus para sua vida. Essa história real é uma prova de como as afirmações positivas têm o poder de impactar e trazer à existência alguém capazde mudar o mundo. *Mãos talentosas* é uma história que ajudará a aumentar sua fé no que Deus já programou para você.

QR CODE

Assista ao vídeo relacionado ao QR Code e seja impactado por essa mensagem que até uma criança pode compreender (meu filho, inclusive, participou da gravação junto comigo, e ainda me ajudou). Que tal chamar a família toda para fazer parte do experimento e ver o que acontece? De qualquer modo, a principal intenção é trazer para outro nível sua consciência acerca do poder das palavras, se policiando para nunca mais fazer declarações de maldição a respeito de ninguém, por mais raiva que esteja sentindo. Isso vai fazer toda a diferença na sua vida.

CAPÍTULO 14

CONTE AS ESTRELAS DO CÉU

*A fé é como uma fotografia mental de algo
que se tem a certeza de que acontecerá.*

A VISUALIZAÇÃO PROFÉTICA É UM PROCESSO PODEROSO, pelo qual podemos trazer à existência aquilo que está no plano espiritual. Jesus Cristo nos trouxe a visão de uma nova identidade, com potencial para realizar grandes feitos e pela Sua graça. Nele, temos autoridade, propósito de vida e valor. Adquirimos uma vida abundante quando lembramos que, antes, éramos cegos e agora podemos ver.

Sendo a fé semelhante a uma fotografia mental de algo que se tem a certeza de que vai acontecer, a visualização é uma estratégia de sucesso a fim de impulsionar e acelerar a realização de nossos objetivos e metas. A visualização é o impulso que atua como diferencial importante, trazendo à existência aquilo que fisicamente ainda não existe. E isso acontece pela fé. No entanto, não se pode apenas acreditar que basta visualizar, executando a técnica. A visualização tem que agradar a Deus; ela é um sonho consagrado e dedicado a Ele. A vontade do Senhor para nossa vida norteia nossa visualização profética, inclusive com o entendimento de que qualquer coisa diferente de uma vida abundante desonra o sacrifício de Jesus por nós.

Ao buscar agradar a Deus, blinde-se contra visões que não abençoam nem edificam. Isso se faz no terreno da mente, mas também na concretude da vida diária. Assim, fuja da companhia de pessoas que não colaboram para o alcance desse ideal e evite ambientes, programas, atividades e comportamentos que não edificam nem colaboram para seu progresso pessoal. Isso é mais prático do que pode parecer à primeira vista. As coisas de que falamos, por exemplo, têm enorme poder tanto para nos elevar como para nos destruir. Elimine de seu vocabulário as chamadas palavras torpes, como palavrões e expressões ofensivas. Lembre-se, também, de que sua comunicação inclui aquilo que você pensa. Rejeite pensamentos de ciúme, raiva, inveja, contenda, maledicência. Repudie a pornografia com a mesma energia e disposição mental com que se mantém longe do álcool ou das drogas, porque ela é uma ferramenta maligna de destruição de lares e famílias. Tudo o que você sente e pensa se torna uma visão. Portanto, o tipo de visão que mais ocupar sua mente, seu tempo e seu foco vai prevalecer em sua vida.

Pela fé entendemos que os mundos foram criados pela palavra de Deus;
De modo que o visível não foi feito daquilo que se vê.
Hebreus 11:3

Quando o leitor se entrega a Jesus, recebe a maravilhosa oportunidade de viver um recomeço e voltar a sonhar. Seus sonhos só são possíveis porque Deus colocou essa capacidade sobre você – a de sonhar. Junto a esse sonho, que veio alinhado com seus princípios e inserido num contexto de ousadia e planejamento, na contramão da zona de conforto, você recebeu uma visão, a qual, como vimos, pode ser comparada a uma fotografia mental.

A Palavra de Deus conta a história do patriarca hebreu Abraão, que, por escolha divina, seria o pai da nação de Israel. Havia um problema, porém: ele não tinha filhos, e tanto a idade de Abraão como a de sua mulher, Sara, era avançada demais para gerar uma criança. O Pai, porém, lhe fez uma promessa:

> *E ele o trouxe para fora e disse: Olha agora para o céu, e conta as estrelas, se tu fores capaz de contá-las; e lhe disse: Assim será a tua semente.*
> Gênesis 15:5

Quando Deus presenteou Abraão com o sonho de ser pai de multidões, deu-lhe também uma imagem simbólica: a das estrelas no firmamento. Certamente, a partir daquele dia, toda vez que Abraão olhava o céu estrelado, sentia seu coração disparar diante da promessa divina. Quem sabe, naquelas ocasiões, ele fechava os olhos e se imaginava criando um filho ou brincando com os netos...? Sua visão ganhava vida, movimento, cores, sons, cheiros, texturas – o que denominamos visualização. Visualizar é, profeticamente, entrar na realidade da visão. No caso específico, a visualização foi importantíssima, porque Abraão não tinha como fugir das estrelas. Todas as noites, quando as via, ele era remetido à expectativa do cumprimento da visão. Para sempre, ele se lembraria da promessa de Deus. Estar lá e conhecer a felicidade de saber que seu Criador já tinha preparado aquilo tudo o fez perseverar, apesar das muitas e desafiadoras adversidades.

A visualização profética é um processo misterioso que, aliado a todos os seus sentidos, é capaz de mudar a sua vida.

A visualização profética é um processo misterioso que, aliado a todos os seus sentidos, é capaz de mudar a sua vida e, consequentemente, a vida de muitas pessoas ao seu redor. Observe que Deus faz isso o todo o tempo. Ele vê o que não é visível aos olhos – ainda. Por exemplo: o Criador olhou para um vazio indefinido e viu o Universo organizado, trazendo luz ao mundo; e tudo, então, começou. O Pai olhou para o excluído pastor de ovelhas Davi e viu, profeticamente, um homem segundo Seu coração. Muitos dos que olhavam para Moisés tinham a tendência a menosprezá-lo por uma postura um tanto quanto insegura, além da dificuldade da fala, conforme lemos em Êxodo. E também Abraão, um septuagenário ao receber a promessa e centenário ao receber o milagre, bem como Jeremias, que era apenas um garoto quando foi chamado para ser profeta do Altíssimo.

Olhe para o que Deus pode fazer por meio de você, e não para suas limitações, porque até nelas o Nome do Senhor é honrado!

Ora, nós não temos recebido o espírito do mundo, mas o Espírito que é de Deus, para que pudéssemos conhecer as coisas que nos são dadas gratuitamente por Deus.
1Coríntios 2:12

Visualizar e experimentar a gratidão de estar com a mente consciente e subconsciente dentro da visão é conhecer as coisas maravilhosas que o Espírito de Deus preparou! Jesus sempre viu o que estava para acontecer. Ele não focava a atenção naquilo que já era passado. Assim, o Salvador viu a humanidade sendo resgatada; ele contemplou a você e a mim entregando nossa vida e mudando nossa história de autodestruição para viver a plenitude da vida abundante, que consiste em crescer e contribuir e ajudar os outros. E, certamente, foi o que Jesus nos deu ao se sacrificar na cruz. No jardim do Getsêmani, a poucos instantes do momento de Seu suplício, a oração de Jesus era de tal modo fervorosa que grandes gotas de sangue começaram a sair de seus poros. Creio que, em sua onisciência, via aquilo de forma tão intensa e poderosa que trouxe para o mundo físico o que estava enxergando em Sua mente, a ponto de expelir sangue pela pele.

> *(como está escrito: Eu tenho feito de ti um pai de muitas nações) diante de Deus, em quem creu, que vivifica os mortos, e chama as coisas que não são como se elas fossem.*
> Romanos 4:17

A visualização profética mobiliza metaforicamente os nossos 5 sentidos:

+ **Visão** – Trata-se de enxergar seu objetivo alcançado, no presente, como uma fotografia mental. Você aciona essa imagem como se estivesse olhando em primeira pessoa. Alterne também, como um espectador e de um ponto de vista diferente, essa realidade que se deseja alcançar. Vamos supor que seu objetivo é comprar uma casa nova, com um lindo quintal. A sua visualização profética em primeira pessoa é poder olhar a si mesmo como quem contempla as próprias mãos segurando a chave e girando a maçaneta da porta da residência. Você consegue ver a roupa que está vestindo, o sapato que está usando, a cor do chão onde pisa e assim por diante. Ao olhar para a frente, observa seu cônjuge neste cenário, sorrindo, e contempla esse momento de realização por meio da expressão facial de alegria da pessoa que ama. Nesse ponto de vista – o da primeira pessoa –, ao olhar para cima, você pode ir percorrendo os cômodos da casa. Caminhe pelo quintal, observando o azul do céu, a grama verdinha e seu cachorrinho correndo alegremente para lá e para cá. Você pode contemplar cada detalhe: seu sorriso, alegria, plenitude e brilho no olhar.

- **Audição** – Nessa dimensão, trata-se de ouvir as pessoas que estariam falando com você. Significa ouvir o que lhe falam, na primeira pessoa: as palavras de admiração dos filhos, do cônjuge, dos pais diante da sua conquista. O que eles lhe dizem e o que você diz a eles? Como é o som ambiente – o barulho dos carros da rua, ou o canto dos pássaros, o latido do cachorro no quintal... Além disso, buscar uma música que também traz você para aquele momento, como uma canção instrumental, auxilia na conexão de suas emoções e traz presença para a sua visualização. (Disponibilizei uma playlist de músicas instrumentais para visualização profética em meu canal no Youtube: www.youtube.com/biancapagliarin.)

- **Olfato** – Esse sentido é um importante potencializador de suas visualizações de fé. Deus o instituiu de forma tão poderosa que o córtex olfativo é o único que afeta prontamente a amígdala, estando diretamente relacionado a nossas emoções e nossa memória. É por isso que cheiros, sentimentos e memórias são tão interligados. Muitas vezes, sentir determinado aroma – seja um perfume, o cheiro de uma casa em que vivemos ou a fragrância de terra molhada – nos faz experimentar sensações que vivemos no passado. Quantas vezes você já se pegou lembrando de uma época da vida porque teve a impressão de que o cheiro "daquele tempo" estava em um lugar?
Considerando tudo isso, que tal pensar em qual seria o cheiro característico dessa casa dos sonhos? Por exemplo, o cheiro de casa limpinha, de lavanda, é totalmente

possível e você pode até mesmo comprar um aromatizador – ou então, se preferir, recorrer a receitas caseiras, ensinadas no YouTube, de misturinhas feitas com lustra-móveis, desinfetante e água, por exemplo. Sinta esse aroma, pois ele faz parte de sua conquista.

Agora, vamos supor que um dos seus sonhos é conhecer a França. Uma rápida pesquisa na internet vai mostrar que a magnólia é uma flor tradicional naquele país. Então, para usar seu olfato e somar o benefício desse importante sentido à sua visualização profética, adquira essência de magnólia em casas especializadas e use-a nesses momentos de visualização.

- **Tato** – Esse sentido começa a ser desenvolvido no ventre materno, onde, na vida uterina, sentimos a aconchegante temperatura do líquido amniótico por volta de 37,5°C – um pouquinho mais elevada que a da mãe justamente para aquecer o feto. Leve em consideração esse sentido. Sem ele, até a reprodução seria prejudicada. O tato nos traz dor ou prazer, liberando ocitocina pelo aconchego de um abraço, por exemplo. Sugiro o recurso de se abraçar, ou trazer à memória a sensação mais fria de um lugar com ar-condicionado. Você poderia sentir o calor do sol aquecer seu corpo, lembrar-se do vento soprando suavemente na sua direção etc. Mesmo sem tocar, o fato de pensar na textura de uma superfície ou na maciez de um tecido já aciona as percepções táteis.
- **Paladar** – Usar o paladar é algo que talvez pareça estranho, pois vivenciar a experiência de ir a um restaurante de comida francesa para acionar esse sentido pode não ser viável para muitos de nós. No entanto, se você realmente está inserido com os outros elementos, até uma água funciona! Isso porque, na França, pensando sobre esse caso, certamente você vai beber água! Conectar-se

nesse momento também pode ser simples – basta se colocar no ato de desfrutar de um saboroso suco, literalmente. Em sua mente, você também toma um suco, mas sentindo gratidão por poder tomá-lo enquanto contempla um pôr do sol em Paris.

Tudo isso com sinestesia: é o mistério de quem mergulha de tal forma na experiência, que acaba chorando, agradecendo a Deus, rindo... Você vê sons, ouve cores, sente imagens, saboreia o toque, toca a doçura de um momento especial – enfim, é uma celebração da visualização profética. Permita-se ser tomado pelos sentimentos e percepções físicas e espirituais sobre como será – como é – o dia da realização de seu sonho. Felicidade, gratidão, paz, entusiasmo, comoção. Sinta e se permita viver tudo isso. Permita-se exercitar a sua fé: a fé que gera seu milagre. E, claro: quando estiver nesse lugar de realização, não deixe de agradecer ao Senhor.

Quer realizar sonhos em altíssima velocidade? Pois torne-se um expert no processo de visualização profética. Essa forma de se trazer à tona o que se sonha é tão eficiente que o simples fato de eu me enxergar como uma palestrante ministrando em lugares importantes, por exemplo, fez outras pessoas também me enxergarem desse modo! Em pouco tempo, fui convidada por empresas de renome nacional, como a XP Investimentos, e referências no mundo do empreendedorismo, como o Sebrae, bem como entidades beneficentes, como a Apae, entre muitas outras instituições.

Como a mente apenas consegue enxergar aquilo que temos referência, isto é, que conhecemos, eu aproveitei a tecnologia para me ajudar a conduzir meus pensamentos nesse processo de

> Permita-se ser tomado pelos sentimentos e percepções físicas e espirituais sobre como será – como é – o dia da realização de seu sonho.

visualização profética. Meus objetivos se tornaram montagens e pude experienciar resultados em altíssima velocidade.

Minhas montagens também me ajudaram bastante na execução deste livro que você tem em mãos. Antes de usar o recurso da visualização profética, embora o contrato já estivesse assinado com a minha editora, não havia qualquer tipo de projeto em andamento. Eu também não ia atrás porque não tinha a obra pronta, então pensava que somente após produzir o manuscrito deveria dar a partida no processo editorial. No entanto, no dia 16 de outubro de 2019 – lembro como se fosse hoje –, fiz a montagem profética em um aplicativo para me ajudar a sair da inércia. Elaborei a capa do livro e uma imagem que representava o lançamento numa respeitada livraria. Coloquei o rosto no corpo da pessoa durante o lançamento e, por meio de outro aplicativo, conferi movimento àquelas imagens. Era um clipe do que aconteceria, ao qual eu assisti no modo looping, com fé, ouvindo ainda uma trilha sonora comovente, antes de dormir e também ao acordar. Sim, eu visualizei este trabalho, muito antes de ele ser editado, impresso e distribuído!

Fiz isso diariamente, empenhando-me na visualização de *Feliz e fora da caixinha* e encarando essa conquista como realidade, com gratidão, conduzindo minhas emoções de tal maneira que foram muitas as vezes em que eu, comovida, me entregava às lágrimas de tanta felicidade! Entendi que, se fosse esperar alguma sobra de tempo, não iria realizar meu sonho literário; por isso, parei de adiar o projeto e, simplesmente, agi. Foi depois disso que recebi, de forma "inesperada", uma mensagem de um dos editores me perguntando sobre o *meu* livro! Esse contato foi feito em 1º de novembro de 2019, cerca de duas semanas após eu ter começado meus exercícios de visualização!

Assim comecei a viver tantas respostas de oração que entendi o quão espiritual é essa ferramenta. Ela é verdadeiramente profética. Fiz o mesmo vídeo (movimento em fotomontagem) da realização de uma ministração numa das principais igrejas do Brasil, a Batista da Lagoinha, em Belo Horizonte (MG). Eu me vi a compartilhar uma mensagem sobre o quanto o amor ao próximo e uma vida com propósitos nos trazem de felicidade e realização – e profetizei, visualizando e sentindo muita unção e gratidão, porque não tinha dúvidas de que iria falar naquela importante congregação cristã. Não é qualquer pessoa que ministra lá, e me sinto muito honrada por ter tido o privilégio de falar naquele ministério de imensa relevância na história de nossa nação.

Com tantas evidências da força da visualização profética, foquei no crescimento ministerial das mulheres na Paz e Vida e, desde então, esse lindo ministério feminino tem crescido a cada novo encontro. Em seguida, veio o workshop para mulheres.

Comunicação profética na prática

Você pode exercitar o olhar além do que se pode ver. É isso que quer dizer ter a visão do seu futuro bem legível em tábuas, conforme escreveu o profeta Habacuque. Talvez, se fosse em tempos modernos, o Senhor diria a ele que usasse um aplicativo, em vez das tábuas. O importante é que você possa se lembrar do seu sonho e olhar para ele como profecia, ou seja, fato inquestionável. Registre lá tudo o que você tem certeza de que verá e que vai acontecer!

Profetas precisam dessa visão, assim como homens e mulheres de Deus. Ela não pode ser de opressão ou de derrota, pois Jesus nos disse para termos bom ânimo. Você quer viver a sua vitória? Viva, portanto, a sua visualização profética, dedique-se a ela com gratidão a Deus. A disciplina é muito importante. Separe todos os dias, de preferência ao acordar e antes de dormir, um tempo para dedicar-se à sua visão profética de futuro, e aproveite para orar e agradecer ao Pai pelo privilégio de viver tudo isso que Ele já determinou. O sentimento de gratidão é decisivo em todo esse processo. Lembre-se: basta usar o recurso que o Senhor já nos proporcionou: a fé, que, segundo Hebreus 11, é o firme fundamento daquilo que esperamos. Em outras palavras, é o trampolim por meio do qual o nosso sonho salta para a realidade.

DA TEORIA À PRÁTICA

Unir a imagem do que você já conhece, seja porque viveu, seja porque viu, seja por ter imaginado ajuda a acelerar sua certeza a respeito do que está para chegar em sua vida. Por exemplo: ao olhar para o céu com nuvens escuras e carregadas, sua mente já direciona esse cenário para uma certeza automática: vai chover! Se você e eu considerarmos, prezado leitor, a teoria de aprendizagem segundo Vygotsky – a imaginação se constitui como um somatório de duas imagens (a pregressa e a atual) –, então, em outras palavras, esse somatório possibilita a criação de uma nova perspectiva que, mesmo que imaginada, como a questão da chuva, não deixa de ser uma certeza inquestionável. Pensar dessa maneira faz-nos entender o conceito de fé (a firme certeza das coisas que se esperam) como sendo algo que se relaciona diretamente com o agir! Viver uma experiência que você, em sua mente, consegue visualizar totalmente diferente. Se para experimentar o terceiro elemento (a visão positiva e com gratidão dos sonhos realizado) é preciso somar os 2 elementos prévios, que são relacionadas ao que passou e ao agora, o que fazer quando não há, no histórico individual, razões claras pelas quais se considerar rico, próspero, saudável ou bem-sucedido?

Como comunicóloga, com especialização em neurociência do comportamento e pastora, atendi a muitas pessoas para as quais esse era um grande empecilho, que não conseguiam se conectar ao sentimento de sucesso por terem vivido num contexto limitante e imerso num oceano de comunicação negativa com dificuldades de todo o tipo – tanto questões relacionadas à saúde, problemas de dívidas e necessidades financeiras, como também rejeições, bullying, descaso, violência, abandono, brigas, de origem emocional. Para muitos, esse sentimento de conquista ou de ter alcançado o sucesso é totalmente desconhecido. Consegui colaborar com a solução, logo nas primeiras sessões, ao questionar quais as coisas mais importantes na vida do coachee. Seus filhos? Seu casamento? Sua fé? Sua saúde? Sua inteligência? Sua determinação? Sua bondade? Honestidade? A presença de Deus? A lista é infinita. Em seguida, pergunto:

"Se precisasse atribuir a elas um valor, quanto seria? Você pode imaginar o tipo de respostas que surge? Milhões, bilhões... E com muita frequência a resposta é: "Não há dinheiro que fosse suficiente para pagar".

Eu insisto: "E se eu quiser comprar hoje seus filhos/sua saúde/sua inteligência/determinação/bondade/ honestidade/fé/a presença de Deus em sua vida?". A sua parte da negociação, porém, é que eles não serão mais seus filhos (ou, você não terá mais saúde/inteligência/ bondade/ honestidade/a presença de Deus). Você topa? Quanto quer?

Chego a forçar a barra, a pegar um talão de cheques e assinar uma das folhas. A cara de choque dos clientes me instiga. Nessa hora, muitos vão às lágrimas, se dando conta do quão ricos eles já são. Sob esse olhar, a gratidão ganha espaço e torna-se imensa, pela surpresa de descobrir-se tão afortunado, tão bem-sucedido. O barulho da ficha caindo é emocionante.

QUE TAL PRATICAR?

Responda:

1. Quais são os 5 elementos mais valiosos em sua vida? Deixe o pensamento divagar e busque o que realmente é mais importante para você. O leitor se lembra das suas respostas ao preencher a ordenação de valores? Ali, você pode encontrar palavras-chave para nomear o que é, na sua opinião, de maior reverência e amor. Escreva abaixo:

....

....

....

....

....

2. Atribua um valor, em reais, a quanto você desejaria receber para abrir mão de cada um desses bens. Sei que há coisas para as quais não atribuímos valores concretos, porém, se houvesse uma mudança no sistema de cobrança de impostos, a menos que você estabelecesse quanto custam,

qual seria o valor de cada um deles? Este deve ser relevante. Dê uma resposta sincera. Suponha que você esteja submetido a um detector de mentira e, caso diga que valem menos ou mais, o governo confiscasse sua riqueza (esse patrimônio de inestimado valor).

a) Item 1: _____
b) Item 2: _____
c) Item 3: _____
d) Item 4: _____
e) Item 5: _____

3. Escreva seus sentimentos ao constatar que você possui tamanha riqueza.

....
....
....
....
....

4. Quais fichas caem?

....
....
....
....
....

5. De que maneira você vai usar esse aprendizado para colaborar na execução da sua visualização profética?

....
....
....
....
....
....

INSPIRAÇÃO NA TELA

Na palestra *TEDTalk – On Technology and Faith* ("Sobre a tecnologia e a fé), o evangelista Billy Graham compartilha conhecimentos sobre a revolução vivida há muitas gerações e como devemos ter sabedoria para unir o propósito de vida à tecnologia dos dias modernos, sem negligenciar a fé no Salvador Jesus, porque só Ele faz tudo ter um sentido. Vídeo emocionante, descontraído e profundo!

QR CODE

No QR Code a seguir, eu demonstro o passo a passo de como usar programas no celular para colaborar com a criação do "filme" mental profético, visionando o futuro de vida abundante. Também compartilho inúmeros testemunhos e mais detalhes sobre este livro que está em suas mãos.

ESCANEIE-ME

CAPÍTULO 15

ORAÇÃO E COMUNICAÇÃO

Não basta manifestar o desejo por algo apenas com os lábios, mas concebê-lo no coração.

INDEPENDENTEMENTE DO CRESCIMENTO DO SECULARISMO e do ateísmo em nossos tempos, Deus continua operando milagres. São milagres vividos por pessoas comuns, como vidas restauradas, famílias reconstruídas, sonhos que renascem em corações e conquistas experimentadas a partir da fé. Alguém que percebe ou encontra seu propósito de vida está vivendo seu milagre pessoal – e esse milagre vem pela maneira como o ser humano se comunica consigo mesmo, com os outros e com Deus. Ou seja, o impedimento que temos para receber milagres encontra-se em nossa comunicação.

Não basta manifestar o desejo por algo apenas com os lábios, mas concebê-lo no coração. Essa postura equivale a orações sem fé, às quais a Bíblia chama "vãs repetições". Oração é uma forma de comunicação, e a fé é seu elemento condicional. Assim, a oração é dependente da fé. Orar sem fé é falar sozinho. Não é oração. Por outro lado, também podemos incorrer no erro de acreditar que Deus pode operar, mas não tomarmos para nós essa bênção. Pessoas que agem assim erram ao pensar que o Senhor ama a todo mundo, menos a elas. Eu era uma destas, e por isso falo por experiência própria. Era uma maneira muito ruim de viver, mas eu não me dava conta do absurdo de achar que todos poderiam receber bênçãos do Pai celestial, menos eu. Quem pensa assim não recebe mesmo – e, a não ser que essa mentalidade mude, continuará sem receber respostas, os excelentes resultados esperados com a oração, pois é como se orasse na certeza de que não vai dar certo.

Parece absurdo, mas todos os dias muitos estão se enganando e dizem que oraram, porém, sem a fé acompanhada da gratidão. Ora, se conforme as Escrituras Sagradas basta pedir de maneira correta para receber o que se pede, estão fazendo tudo errado – em seus corações, estão comunicando medo e incredulidade ocultos no subconsciente. Dessa forma, continuarão sem receber o que acham que estão pedindo. Digo "acham" porque, ao acreditar que não vai dar certo, o que efetivamente está sendo pedido é... que não dê certo!

Portanto eu vos digo que todas as coisas que desejais, quando orardes, crede que as recebereis, e tê-las-eis.
Marcos 11:24

Jesus revelou a importância de o alinhamento de sua comunicação (consigo, com os outros, com Deus, de modo verbal, não verbal e na linguagem corporal) estar de acordo com o que você deseja para sua vida, pois, se você quer, é necessário agir. Tudo deve fazer sentido, numa mesma direção. Logo, estabelece-se uma coerência minuciosa entre o que Ele já disponibilizou, o que se deseja e o propósito pelo qual veio ao mundo, ou seja, sua missão. Essa é uma lei fundamental para quem crê no Senhor, no milagre e na vida abundante, mesmo com desafios e a consciência de que é preciso manter-se firme quando tudo parece ir contra. Crer que já o recebeu é escolher ouvir a sinfonia de Deus, entrar na melodia, dançar nessa canção linda, cantarolando as notas musicais de bondade, amor, misericórdia, compaixão, perdão, vida abundante.

Porém, sem fé é impossível agradar-lhe; porque é necessário que aquele que se aproxima de Deus acredite que ele existe, e que é galardoador daqueles que diligentemente o buscam.
Hebreus 11:6

Em um mundo de tanta superficialidade, conectar-se com sua essência e viver de modo espiritual é um imenso desafio. É por isso que trabalhar técnicas e comportamentos propostos neste livro – sua mentalidade subconsciente, a respiração com atenção plena, as formas de administrar seu foco, a contemplação do belo, o exercício dos sentidos – vai ajudá-lo a se firmar no momento presente para que sua mente, alma, corpo e espírito direcionem sua fé de acordo com o que é mais importante.

Você já foi a um mercado sem saber o que quer ou de modo distraído, impreciso, atordoado, pensando em outra coisa ou até mesmo enquanto acessa suas redes sociais? Se por algum período, numa compra qualquer, você se esquece daquilo que realmente está precisando, tende a levar coisas supérfluas, gastando com produtos desnecessários ou mais caros. Imagine chegar ao supermercado sem saber o que precisa e encher o carrinho com itens que você não planejou adquirir. Na relação com Deus, a coisa é mais ou menos parecida. Embora o Criador onisciente saiba, de forma profunda, o que é melhor para Seus filhos, precisamos saber o que pedir – e pedi-lo com clareza. Além disso, sua vida, em todos os aspectos, deve vibrar na sintonia do perdão, de desejar o

Comunicação é uma ação verbal e não verbal consigo, com os outros e com Deus.

bem para as pessoas, sejam elas próximas ou não; sentir gratidão e tratar os outros com respeito. O apóstolo Tiago, um dos autores do Novo Testamento, afirma que a origem dos conflitos é a inveja e a cobiça:

> *De onde vêm as guerras e brigas entre vós? Porventura não vêm disto, das concupiscências que guerreiam nos vossos membros? Cobiçais, e nada tendes; matais, e desejais ter, e não podeis obter; combateis e guerreais, e nada tendes, porque não pedis. Pedis, e não recebeis, porque pedis mal, para consumirdes em vossos deleites.*
> Tiago 4:1-3

O versículo supracitado revela algo tremendo: se sua comunicação é de guerra com aqueles que são os próprios membros, a oração é ineficaz. Se você comunica raiva, ressentimento, mágoa, insatisfação, vaidade ou desejo de poder em sua oração, essas são intenções más e não recebem resposta de Deus.

Somos bombardeados por mensagens negativas. Sua vida é alvo das setas inflamadas e constantes do inimigo, quer você se dê conta, quer não. Suas orações precisam se voltar para algo que gere o bem. Por vezes, pensamos apenas em nós mesmos. As nossas razões nos levam a ignorar que temos falhado e até nos esquecemos de uma verdade básica das Escrituras:

> *Eu, o SENHOR, esquadrinho o coração, eu sondo os rins, para dar a cada homem conforme os seus caminhos, e conforme o fruto dos seus feitos.*
> Jeremias 17:10

Comunique-se com Deus

Deus não apenas ouve. De acordo com a Bíblia Sagrada, Ele sonda seus pensamentos e conhece as intenções que nem você talvez conheça ou assuma. Somente Ele é capaz de fazer essa análise profunda da alma do ser humano, e o Senhor não vai contra a própria identidade – afinal, o Pai não pode negar-se a si mesmo (ver 2Carta a Timóteo 2:13). Considere isso quando for orar, porque significa que, se fizer sua parte, o Senhor fará o que Ele prometeu. Reforce, em sua oração, a decisão de continuar se autoanalisando, se melhorando e se conscientizando de quais questões precisam ser tratadas em sua vida.

A oração potencializa e reforça que você tem consciência de sua responsabilidade em amar ao próximo como a si mesmo e em dispor-se, verdadeiramente, a usar a bênção que receberá para levar o Reino a um número ainda maior de pessoas, testemunhando o que Ele tem feito em sua vida. De que maneira você pode, com suas habilidades e possibilidades de hoje, considerando tudo o que já aprendeu (até mesmo o que aprendeu por intermédio do sofrimento) ajudar as pessoas a saírem da caixinha? Você foi feito para prosperar em abundância e para, abundantemente, oferecer e doar (tempo, dinheiro, amor). Vá por todo o seu mundo e espalhe a boa notícia do Evangelho a toda criatura, vibrando a gratidão por ser quem você é e por ter vivido tudo o que você viveu; gratidão que ajuda você a cocriar a sua realidade de sucesso.

DA TEORIA À PRÁTICA
Ore!

Exercitar o poder da oração, com gratidão e plena confiança, é uma questão de aprendizado. Lembre-se de que isso implica agir de acordo com o passo seguinte — você já ter o que pediu —, porque receber não é uma hipótese, é convicção. Por exemplo, se você pede a Deus uma promoção ou uma ascensão profissional com tanta fé que não há sequer qualquer sombra de medo ou dúvida, então qual seria o passo seguinte? Ora, fazer a sua parte, matriculando-se em um curso de extensão, melhorando seu currículo, sua fluência em inglês ou a capacidade de comunicação corporativa.

Como é sua comunicação?

Comunicar-se com Deus de forma completa é estar ligado o tempo todo a Sua presença, colocando-se neste lugar espiritual como filho, com um coração moldável e disposto, praticando intensamente suas afirmações de fé, visualizações proféticas e ações coerentes de quem tem convicção de ter sido gerado para a vida abundante de Cristo — inclusive, também, com o tempo em que você se ajoelha e tem um diálogo com o Pai, lê Sua Palavra, pede sabedoria e demonstra confiança Nele. Uma conexão integral e visceral na Fonte da Vida, algo que é inseparável da própria identidade, nessa realidade vivenciada o tempo todo, inclusive nos momentos determinados de oração e consagração.

Diante desse ponto de vista, além de falar com Deus como parte dessa nova forma de viver, exercite com intensidade sua autoconsciência nos próximos três meses. Encare corajosamente tudo o que tem sido fonte de sentimentos que paralisam sua vida e os pensamentos que constituem obstáculos, numa forma de autossabotagem.

Analise a primeira tabela a seguir e identifique quais sentimentos têm se mostrado prejudiciais. Reflita sobre como eles surgem e o que pode estar oculto a esse respeito. Depois, determine um número, o mais sincero possível, para a frequência e a intensidade com que esses sentimentos destrutivos aconteceram nos últimos trinta dias, dando-lhes uma nota de 1 a 10 – o 0 está fora de cogitação, porque todos possuem esses sentimentos, em maior ou menor intensidade.

A coluna onde você vai pensar sobre o que comunica deve ser uma autoavaliação a respeito do que tem sido consequência daquele sentimento. Por exemplo: talvez você perceba que, quando sente raiva, sua comunicação é tomada por agitação, ansiedade e agressividade nas palavras, nos gestos e até no olhar. Talvez, aja com ironia e sarcasmo, comunicando insensibilidade, desrespeito, julgamento cruel, intolerância. É possível ainda que perceba que, depois da raiva, consequências como arrependimento, tristeza ou culpa assumem posição de destaque.

Na segunda tabela, no item "Nova comunicação", você deve jogar luz sobre quais estratégias assumirá daqui em diante para aprender a lidar com essa raiva tão prejudicial de forma menos nociva possível. Você pode até mesmo, a partir desse cálculo, verificar que os sentimentos que tiverem os maiores fatores (ou aqueles acima de 20) deverão ter uma nova comunicação trabalhada. Ainda sobre a raiva, você poderia matricular-se num curso de mindfulness para aprender técnicas de respiração. Pode, ainda, determinar que ouvirá as afirmações proféticas toda manhã e acionará sua atenção plena para diminuição do cortisol e aumento da dopamina. Ou, quem sabe, selecionar uma música para ser cantada ou ouvida se essa raiva acontecer.

Na segunda tabela, ainda no item "Nova comunicação", identifique e reflita sobre as maneiras de esses sentimentos prejudicarem seus projetos e impedirem suas orações de serem respondidas. Para cada sentimento com fator maior que 20, defina como vai fazer para substituí-los por formas mais produtivas e edificantes de lidar com conflitos como os que desencadeiam sentimentos prejudiciais.

Investigue as formas que funcionem para você, a fim de conectar-se conscientemente consigo e encontrar maneiras de evitar comportamentos prejudiciais.

MAPA DE SENTIMENTOS TÓXICOS							
SENTIMENTOS	Freq.	Int.	Fator	O que eu comunico?	O que eu penso? Imagem – diálogo interno	Em que ambiente/ pessoas ou circunstâncias?	Consequências – físicas, emocionais, espirituais
RAIVA							
ÓDIO							
INVEJA							
INSATISFAÇÃO							
ANGÚSTIA							
ESTRESSE							
MEDO							
REJEIÇÃO							
ANSIEDADE							
APEGO							
VERGONHA							
CIÚME							

MAPA DE SENTIMENTOS TÓXICOS – NOVA COMUNICAÇÃO			
NOVO SENTIMENTO	Nova Comunicação	Ganhos Imagem	Decisão
RAIVA X			
ÓDIO X			
INVEJA X			
INSATISFAÇÃO X			
ANGÚSTIA X			
ESTRESSE X			
MEDO X			
REJEIÇÃO X			
ANSIEDADE X			
APEGO X			
VERGONHA X			
CIÚME X			

INSPIRAÇÃO NA TELA

Filmes podem ensinar e divertir ao mesmo tempo. Este é o caso da comédia *A inveja mata*, que tem como protagonistas Ben Stiller e Jack Black. O filme conta a história de 2 vizinhos, Tim (Ben Stiller) e Nick (Jack Black), que trabalham juntos e são bons amigos. Certa ocasião, Nick convida Tim para ser sócio de uma grande ideia sua, mas o amigo recusa a proposta, sem muita fé no sucesso do empreendimento. Nick, porém, alcança um sucesso estrondoso e passa a ganhar muito dinheiro, despertando sentimentos tóxicos do vizinho — por tudo isso, *A inveja mata* é um filme para rir e refletir.

QR CODE

Visite agora o conteúdo no QR Code a seguir para realizar uma dinâmica impactante que traz como foco a purificação desses sentimentos, num exercício de mindfulness que atingirá suas emoções, sua espiritualidade e sua capacidade cognitiva.

CAPÍTULO 16

CELEBRANDO A VIDA

Agora que sua jornada por meio deste livro chega ao fim, aproveite a vida abundante que começou a experimentar.

JÁ IMAGINOU O QUÃO FORA DA CAIXINHA VOCÊ ESTÁ HOJE, em comparação a como era antes de sua jornada de autoconhecimento e desencaixotamento? Esse é o momento ideal para uma série de reflexões, todas acompanhadas de um convite a consistentes decisões. Pense nas inúmeras ocasiões em que você deveria estar fazendo algo que lhe cabia fazer, quando até sabia da responsabilidade, mas estipulou outras coisas menos importantes como alvo do seu foco. É por isso que a palavra que eu sugiro que você torne sua principal lembrança sobre sua nova identidade daqui em diante é: consistência. Consistência é fazer mesmo quando não se tem vontade, porque a decisão é parte de um acordo inegociável com Deus e com o seu eu do futuro. Quantas vezes a procrastinação foi mais consistente que o objetivo? Agora que você tem planos muito mais claros, mais específicos, essa nova mentalidade ganhará ainda mais espaço, se você alimentá-la com bons livros, vídeos, cursos, filmes, músicas... Qual a atitude que você não quer nunca mais permitir que você mesmo pratique consigo? Qual a forma de comunicação você decide fortalecer ativamente daqui em diante?

Em *Feliz e fora da caixinha*, o objetivo é levar clareza e o fim do piloto automático. Vida abundante não é um estado que depende de fatores externos, porque se fosse assim não haveria ninguém rico, bonito e com o coração completamente despedaçado e aprisionado, nem pessoas com pouquíssimos recursos com aquela alegria contagiante apesar de qualquer situação. Se o seu ânimo se enfraquecer, permaneça, pelo menos, decidido a manter essa consistência, foque no mínimo que deve ser feito como que para provar a si mesmo que se abandonar nunca mais será uma opção.

Entenda que só você é responsável por seus sonhos, metas, projetos. Somente você pode se tornar um marido ou esposa melhor; apenas você pode ser o pai ou a mãe que fará à diferença na história da sua criança. E só você, e mais ninguém no mundo todo, é responsável pelo cumprimento de seu propósito de vida.

É por isso que reforço que a sua fé, com gratidão pelo extraordinário projeto de Deus para você, é que o fará seguir com o passo a passo na direção certa. Esse é o caminho de superação, olhando para Cristo porque Ele é a sua maior inspiração. Jesus nunca precisou de incentivo algum para fazer o que sabia que era sua missão. Alimente sua garra com doses elevadas de resiliência, consciente de que haverá frustrações e pessoas para criticar seu modo de viver, como até o Senhor foi criticado, mas nada O fez parar. Lembre-se de que não precisa agradar a todos; portanto, tudo bem se surgir alguém para desanimá-lo. Busque a harmonia e que a paz de Deus seja sempre seu guia!

Mesmo se você cair, sempre é possível se levantar. A criança, quando está aprendendo a andar, cai muitas vezes, mas ousa olhar para dentro de si e encontra maneiras de lidar com aquela queda, empenhando-se em se levantar após cada tombo. É como se o DNA do ser humano tivesse sido projetado para superar os reveses da vida. Simplesmente podemos ter a certeza de que sempre é possível nos reerguer. E desde a corrida inicial pelo direito à vida, você comunicou a Céus e Terra a sua identidade de vencedor! Você é consciente de sua natureza determinada?

A responsabilidade de cuidar da sua própria vida é sua, certamente. Porém, dê seu melhor para cultivar seus relacionamentos, estenda a mão sempre que puder, porque, se um dia cair, terá uma mão amiga para ajudá-lo a levantar.

Você já se deu conta da enorme diferença que existe entre depender de forma doentia de alguém e contar com outras pessoas? Desde o nascimento, foi essa conexão com outros seres humanos que lhe deu a oportunidade de sobreviver: foi porque alguém cuidou de você, te deu alimento, água, abrigo, aconchego, que você pode se desenvolver até tornar-se um ser humano capaz de decidir e buscar por cada um destes elementos. Esta é a "configuração de fábrica" que recebemos: é fundamental que estejamos em contato uns com os outros.

Na última década, pesquisas que fizeram uso da neuroimagem obtida através de uma ressonância magnética solidificaram o conceito do cérebro social. Isso diz respeito às áreas do cérebro relacionadas à linguagem, empatia, processamento de expressões faciais, olhar e emoção.* Existe em nosso cérebro lugares criados por Deus que foram planejados para relacionamentos! Não é demais? Fomos feitos para conexões humanas, para criar vínculos, para sentir empatia, conexão, amor, compaixão...

Ou seja, quanto mais profundas nossas relações, mais podemos acionar os neurônios que nos dão o poder de

---

* FMRI.ORG. *Two brain neuroscience: understanding our social selves*. Disponível em: <http://fmri.org/wp-content/uploads/2018/04/Professor-Joy-Hirsch-Yale-School-of-Medicine-Neuroscience-1.pdf>. Acesso em: 06 ago. 2020.

> Jesus enfatizou que devemos amar a Deus e uns aos outros: simplesmente, porque esta é a chave da felicidade!

espelharmo-nos no próximo, e de nos colocarmos no lugar do outro – são os chamados neurônios-espelho (realidade comprovada nessa importante fase em que cientistas e pesquisadores percebem a importância de olhar para os aspectos das emoções e dos relacionamentos a fim de capturar respostas para os porquês da humanidade). Relacionamentos liberam os chamados hormônios do bem, em altas doses de ocitocina, endorfina, dopamina e serotonina.[*] É por isso que Jesus enfatizou que devemos amar a Deus e uns aos outros: simplesmente, porque esta é a chave da felicidade!

Com a crise desencadeada pela pandemia do coronavírus, que marcou tristemente o ano de 2020, novos desafios surgiram. O distanciamento a que fomos obrigados para conter a pandemia obrigou-nos a reinventar nossos relacionamentos – e percebemos como o contato pessoal, de olho no olho e de alma com alma, nos faz falta! Viver em distanciamento não condiz com aquilo para o que o Senhor nos criou para viver. Por essa razão, a todo o tempo, o texto sagrado nos estimula à vida em comunidade: somos todos ovelhas de um mesmo rebanho. Com efeito, todos somos parte de uma grande visão extraordinária do Senhor para a humanidade.

Este livro chega ao fim com a expectativa de ter marcado de forma positiva a sua trajetória! Honre a Deus, desfrute da vida em abundância conquistada na cruz e aproveite o privilégio que é estar vivo também ajudando a levar a mensagem ao maior número de pessoas que conseguir, principalmente pelo

---

[*] MEYZA, K. Y.; et al. The roots of empathy: Through the lens of rodent models. *Neuroscience & Behavioral Review*, v. 76, parte B, maio 2017, pp. 216-234. Disponível em:
<https://www.sciencedirect.com/science/article/abs/pii/S0149763415303432?via%3Dihub>.
Acesso em: 06 ago. 2020.

seu exemplo. A melhor forma de compartilhar a mensagem é vivendo com integridade e propósito, apesar das imperfeições na estrada e mesmo em meio a obstáculos. A Bíblia que a humanidade pós-pandemia precisa ler é a que vivemos no dia a dia, não a que teorizamos.

Como você se sentiria se pudesse ajudar mais pessoas a saírem da caixinha das crenças limitantes e do diálogo interno sabotador de sonhos?

Permita que seu aprendizado comece a mudança que o mundo todo precisa viver. Não poderemos trazer todos para fora da caixinha, claro que eu sei disso, mas não é isso o importante. O importante é fazermos o que temos que fazer para que todos venham!

Estude, leia, busque fontes e verifique as fontes (fake news tem aos montes por aí, notícias e informações precisam ser verificadas). Insista, persista e permaneça aprendendo mais, usando o poder de cocriar que o próprio Deus colocou à sua disposição, consciente de que só vai fazer sentido se o seu olhar for voltado a amar e ajudar os outros. A vida requer de nós a coragem de desejar sermos pessoas melhores. Isso não significa, em absoluto, termos a pretensão de sermos melhores do que os demais. É ser melhor que a velha criatura que ficou lá, dentro da caixinha, com aceitação de que ela fez o que podia com o que tinha... E que hoje você vai muito além, porque quer honrar a oportunidade que o Criador te deu de fazer o que puder com o que tem agora: humildade, fé, determinação, garra e perseverança – contudo, mantendo a comunhão entre todos nós.

Uma experiência realizada no Seminário de Teologia de Princeton, nos Estados Unidos, tornou-se mundialmente relevante ao analisar o que leva pessoas a agirem de forma benevolente com o próximo. Essa pesquisa, realizada na década

Insista, persista e permaneça aprendendo mais, usando o poder de cocriar que o próprio Deus colocou à sua disposição. de 1970,* envolveu 40 estudantes, requisitados para ministrar uma palestra sobre o conteúdo e as lições da parábola do bom samaritano, contada por Jesus e narrada nos evangelhos do Novo Testamento. Sem que soubessem, eles foram divididos em três subgrupos. A uma parte daqueles seminaristas, foi feito um comunicado em cima da hora: o de que teria havido uma mudança no local do evento e eles deveriam, então, correr para o novo endereço fornecido. A estes foi dito, ainda, que atrasos não seriam tolerados. A outro grupo foi informado que eles estavam com o tempo apertado, mas numa linguagem mais suave, evitando-se gerar aquela ansiedade que só sentimos quando estamos muito atrasados para um compromisso de extrema importância. Por fim, ao restante foi orientado que se dirigissem ao novo local com tranquilidade, pois haveria tempo suficiente até que a palestra tivesse início.

Enquanto os três grupos se dirigiam ao local indicado, porém, um ator foi preparado para se passar por um moribundo que precisava de ajuda. Ele ficaria exatamente no caminho daqueles seminaristas simulando necessitar, desesperadamente, de auxílio – uma óbvia alusão ao personagem da parábola sobre a qual cada um daqueles jovens deveria discorrer após tanto preparo e expectativa. Começaram, então, as observações – algumas das quais, chocantes. Apenas 10% daqueles que pensavam estar muito atrasados ofereceram ajuda ao homem caído, mesmo tendo a mente focada, nos dias anteriores, ao tema da compaixão e da empatia, tão marcantes na história narrada por Jesus.

---

* DARLEY, J; BATSON, CD. "From Jerusalem to Jericho": A study of situational and dispositional variables in helping behavior. *Journal of Personality and Social Psychology*, v. 27, n.1, pp. 100–108. Disponível em: <https://psycnet.apa.org/record/1973-31215-001>. Acesso em: 06 ago. 2020.

Já 63% dos seminaristas que pensaram que tinham todo o tempo do mundo e daqueles que não estavam tão atrasados para o compromisso pararam para oferecer ajuda ao homem aparentemente em apuros. A conclusão a que os estudiosos chegaram foi de que, quando estamos com pressa, não conseguimos nos concentrar nem mesmo no que parece ser o foco no momento – no caso dos seminaristas, a temática do cuidado com o próximo. E olha que se tratava de estudantes de Teologia, ou seja, pessoas que, em tese, acreditavam ter a vocação para o sacerdócio ou a vida religiosa!

Assim, podemos compreender que, se nos deixarmos afogar nas responsabilidades e tarefas sem olhar para o que estamos vivendo e sem conexão com nosso semelhante, corremos o risco de nos tornarmos vazios de sentimento e indiferentes às necessidades à nossa volta. E, para completar, ainda seria muito provável perder a maior parte das oportunidades de exercer, na prática, o propósito principal da vida ao fim da jornada.

Se o resultado foi esse cerca de cinquenta anos atrás, qual seria o desfecho dessa experiência hoje, considerando que há um celular grudado na mão da maior parte de cada ser vivo na face da Terra, num bombardeio incessante de tarefas, horários, pressa, cobranças sociais e pessoais, num contexto facilitador mas ao mesmo tempo tão conflitante quanto o que a internet nos trouxe?

A pandemia da Covid-19 trancou mais da metade da população mundial em suas casas, provocou centenas de milhares de mortes e ainda, terrivelmente, facilitou a ação de abusadores dentro de casa, aumentando, segundo a ONU, a taxa de feminicídios e estupros.[*] Casais, pais e filhos, irmãos

---

[*] NAÇÕES UNIDAS BRASIL. *Chefe da ONU alerta para aumento da violência doméstica em meio à pandemia do coronavírus*. 06 abr. 2020. Disponível em: <https://nacoesunidas.org/chefe-da-onu-alerta-para-aumento-da-violencia-domestica-em-meio-a-pandemia-do-coronavirus/>. Acesso em: 10 ago. 2020.

entraram no círculo vicioso do ódio e da violência verbal e física. No entanto, eu mesma conheço pessoas próximas que usaram toda a experiência de confinamento da quarentena a seu favor, recuperando relacionamentos: filhos reconciliaram-se com os pais e descobriram que era possível recomeçar; tudo dependia apenas de uma decisão – viver uma restauração do laço familiar. Casos assim mostram o quanto a dor e o sofrimento podem gerar algo positivo.

É claro, situações de estresse revelam com mais rapidez e intensidade o potencial para o pior do ser humano. Entretanto, também podem trazer à tona o potencial para o melhor. Em 6 de março de 1987, uma balsa que viajava da Inglaterra para a Bélgica afundou, causando a morte de 193 pessoas. Nos meses após o desastre, muitos dos cerca de 300 sobreviventes sofreram com sonhos perturbadores, ansiedade, desapego, dormência emocional, dificuldades com o sono e de concentração.

No entanto, com o tempo, alguns relataram efeitos positivos surpreendentes. Três anos após o desastre, o psicólogo Stephen Joseph, então doutorando, realizou uma pesquisa que constatou que, embora os sintomas negativos ainda se manifestassem (conquanto que diminuídos), 43% dos sobreviventes afirmaram que sua visão da vida havia mudado para melhor. Eles relataram que não davam a vida por garantida, e isso os fazia viver melhor e ao máximo cada novo dia, valorizando mais seus relacionamentos, seus momentos, cada experiência.*

Dentro de alguns limites relativos à subjetividade de cada indivíduo, o impacto emocional de tragédias pode ser associado ao transtorno do estresse pós-traumático (TEPT) ou ao crescimento pós-traumático (CPT). O TEPT surge

---

* JOSEPH, Stephen. *What Doesn't Kill Us*: The New Psychology of Posttraumatic Growth. Nova York: Basic Books, 2013.

determinado tempo após acidentes, conflitos ou situações de extrema violência, formando traumas profundos que fazem a pessoa experimentar sintomas como pesadelos, flashbacks, torpor emocional, ansiedade, hipervigilância, ansiedade e isolamento. Já o CPT é o oposto e provoca efeitos surpreendentes num determinado período após as mesmas experiências traumáticas que levam ao TEPT. É caracterizado por um nível de funcionamento emocional superior, com o fortalecimento das forças pessoais do indivíduo, uma nova perspectiva de vida, relacionamentos mais autênticos, atitudes mais altruístas e maior empatia: é a superação da crise por meio de um novo conceito de resiliência humana.*

Já houve outras pandemias mundiais; porém, nunca um vírus tão microscópico interrompeu a chamada "vida normal", colocando cidades inteiras (inclusive os maiores polos econômicos do mundo, como Nova York, Londres, Tóquio e Paris) em quarentena, seguida de rigorosas recomendações quanto ao distanciamento social. Algo tão forte precisa ter um significado para cada um de nós. Penso que dar um propósito a tudo isso é, além de uma atitude inteligente, o mínimo que se deve fazer para honrar aqueles que se foram. Esta humanidade (que somos nós) deve aproveitar a oportunidade que se pronuncia, deixar diferenças de lado e superar essa crise por meio do amor. Eu decido encarar a Covid-19 como símbolo de nosso recomeço, uma doença que, apesar dos milhares de mortos, veio também para curar nossa perspectiva. E você?

***

Desde criança, ouvi do meu pai histórias emocionantes, com um desfecho que me fazia refletir por dias... Ele sempre

---
* Ibidem.

explicou que a referência, sua inspiração principal, é Jesus, que transporta-nos para a história narrada, revelando verdades tão profundas, mas ao mesmo tempo de modo tão simples, como a do Bom Samaritano, que fez parte da pesquisa em Princeton. Quando meu pai decidiu gravar esse conteúdo e veiculá-lo em programas de rádio e televisão ao final dos anos 1990, o que começou em São Paulo rapidamente ganhou o mundo, fazendo as Ilustrações narradas pelo Pastor Juanribe Pagliarin tornarem-se um sucesso na audiência de rádios de países de língua portuguesa como Portugal, Tomé e Príncipe, Timor-Leste, Guiné-Bissau, Angola, Moçambique. Até os dias atuais, são milhões e milhões de visualizações no YouTube – sinal de que histórias são formas eficazes de se transmitir uma mensagem que atinja todas as faixas etárias, desde crianças até adultos. Para mim, faz todo sentido convidar esses dois que moram em seu interior (tanto a criança quanto o adulto) a se encherem de esperança pela parábola a seguir.

A pedra no caminho

Conta-se de um rei que viveu no passado e que era muito bondoso e sábio. Uma de suas prioridades, além de governar com justiça e retidão, era transmitir bons valores aos seus súditos. Por isso, aquele monarca fazia, frequentemente, coisas consideradas estranhas e até inúteis. No entanto, tudo tinha como objetivo ensinar ao seu povo sobre princípios que deveriam ser parte inegociável de suas vidas. Certa noite, enquanto todos dormiam, o rei pôs uma enorme pedra na estrada que passava pelo palácio. Depois, escondeu-se e ficou observando o que aconteceria quando os transeuntes passassem por ali.

O primeiro a cruzar a estrada obstruída foi um fazendeiro, que, todos os dias, percorria aquele caminho numa carroça carregada de grãos destinados à moagem. Ele ficou indignado:

"Onde já se viu tamanho descuido?", reclamou. Enquanto fazia a difícil manobra de contorno da pedra com sua parelha de bois, questionou: "Por que motivo esses preguiçosos não mandam retirar a pedra da estrada?".

O detalhe observado pelo rei é que aquele produtor rural queixou-se da inutilidade dos outros sem ao menos cogitar maneiras de tirar a rocha do caminho. Afinal, ele bem que poderia usar a tração de seus animais para deixar a estrada limpa para quem viesse depois.

A seguir, passou pela estrada um jovem soldado, muito bem fardado, com uma pluma colorida no alto do quepe e uma reluzente espada à cintura. Provavelmente, vinha pensando nos feitos heróicos que um dia prestaria ao seu país. Distraído, ele não notou a pedra, vindo a tropeçar nela e a estatelar-se no chão. Ergueu-se furioso e girou, enquanto tirava a poeira da linda farda, olhando à sua volta:

"Eu queria saber quem foi o irresponsável que largou essa pedra aqui, onde todos podem tropeçar!"

Sem obter resposta, realinhou-se e seguiu adiante, resmungando impropérios contra os desordeiros que haviam feito aquilo. No entanto, do mesmo modo que o fazendeiro, não tomara qualquer iniciativa para resolver o problema, embora fosse jovem e forte o suficiente para remover o pedregulho da estrada.

O rei observou o soldado se afastando e permaneceu escondido, para ver qual seria a atitude de cada um. Assim, seguiu-se o dia e todos os que por ali passavam reclamavam e resmungavam por causa da pedra colocada na estrada. No entanto, ninguém sequer a tocava.

Finalmente, ao cair da noite, a filha de um oleiro cruzou a estrada. Era uma moça muito trabalhadora e estava cansada, pois desde cedo andara ocupada na olaria do pai, carregando barro, confeccionando jarros e armazenando-os depois de prontos. Era um serviço pesado até para um homem; o que dizer, então, de uma moça franzina? Assim que notou a pedra no caminho, porém, pensou: *Já está ficando escuro. À noite, alguém pode tropeçar nessa pedra e se ferir*. Com essa ideia, ela fez um esforço tremendo e, após quase uma hora tentando, pôde arrastar o pedregulho para a margem do caminho.

Para sua surpresa, havia uma caixa debaixo da pedra. Era uma espécie de baú de madeira, bem pesado. Ainda ofegante, ela ergueu a caixa e percebu uma inscrição na tampa: "Esta caixa pertence a quem retirar a pedra". Curiosa, a moça ergueu a tampa e qual não foi sua surpresa quando descobriu que estava cheia de moedas de ouro!

A filha do oleiro foi para casa com o coração cheio de alegria. No dia seguinte, quando o fazendeiro, o soldado e todos os outros que haviam passado pela estrada e se aborrecido com a pedra voltaram correndo àquele local, na expectativa de que ainda houvesse alguma moeda de ouro escondida no pó da estrada, o rei apareceu e disse:

"Meus amigos, frequentemente encontramos obstáculos e fardos no nosso caminho. Podemos, se assim preferirmos, reclamar da situação e nos desviarmos deles, deixando-os onde estão. Ou, então, podemos removê-los e descobrir o que significam. A decepção é normalmente o preço da murmuração e da preguiça; já a riqueza e a satisfação são os tesouros escondidos e reservados àqueles que têm a possibilidade de pensar não somente em suas próprias conveniência, mas nas necessidades daqueles que virão depois de si".*

Os ensinamentos do sábio rei da história da pedra no caminho têm muito a nos comunicar: é possível encarar o problema do presente e o futuro como desafios repletos de oportunidades de crescimento e vida abundante. Revelam,

---

* Uma adaptação pessoal do texto de William J. Bennett, *O Livro das Virtudes II* (Editora Nova Fronteira, 1996).

ainda, que seremos melhores (para os outros e para nós mesmos) à medida que não nos importarmos apenas com nossos próprios interesses e necessidades. Mostram que aquilo que já chegou a trazer dor e descontentamento pode se converter em algo positivo. Viver fora da caixinha – a expressão que deu título a este livro – é libertar-se das amarras que impedem a vida de atingir seu máximo potencial, saindo ao encontro do outro em busca da reciprocidade e da mutualidade para as quais fomos criados.

> Olhe ao seu redor e para dentro de si, neste exato momento, e encontre ao menos um motivo para sorrir e exercitar o seu olhar de contemplamento com a beleza da vida.
> A partir de agora, exercitar o seu olhar de contemplamento da beleza da vida?

Na jornada para a vida abundante, certamente encontraremos pedras no caminho. O que faremos com cada uma delas? Vamos deixá-las onde estão, ignorar sua presença, reclamar, bradar palavras ressentidas, mas contorná-las, ou, efetivamente, removê-las? Essa decisão é fundamental para o alcance das metas e realização de nossos sonhos. Portanto, que tal, a partir da leitura deste livro, escrito com muito amor e um profundo desejo de ajudar, você começar a se alimentar diariamente da beleza de contemplar a vida? Desconecte-se, de vez em quando, daquilo que se tornou rotina – a alienação de não conseguir ficar sem 4G ou Wi-fi, muito menos sem bateria no celular, o tempo nas redes sociais caçando "o nada" e entretenimentos virtuais sem sentido, a busca incessante por bens e recursos materiais... Foque nas pessoas. Caso haja a necessidade de um novo isolamento ou distanciamento, ouse descobrir o quão produtivo pode ser viver tudo isso – talvez menos cercado de pessoas num aspecto físico, porém, não social, nem emocional, muito menos espiritual. Digo isso porque foi durante a quarentena que eu aprofundei amizades e relacionamentos com quem estava perto ou por videochamadas.

Foi também quando comecei as lives que mencionei anteriormente (no site www.biancapagliarin.com.br/aovivo) e também nas minhas redes sociais, que têm o mesmo nome que esse livro. Aliás, te espero lá, hein?

Exercite a atenção plena, a respiração profunda (disponibilizei muitas opções no meu canal no youtube e semanalmente posto novas meditações cristãs), pratique sua visualização profética diariamente, afirmações positivas e não perca o foco em seu plano de ação rumo ao seu propósito principal, porque assim você vai estar tão, mas tão bem, todos os dias, que vai dizer "UAU! Agora eu vivo! Essa é minha identidade verdadeira!".

E te darei os tesouros da escuridão e as riquezas
escondidas dos lugares secretos, para que tu possas saber
que eu, o SENHOR, o qual te chama pelo teu nome,
sou o Deus de Israel.
Isaías 45:3

Voltar para dentro daquela caixa escura e abafada jamais será uma opção. Você é um dos que Deus escolheu para serem "retiradores de pedras". Apenas siga em frente: tesouros escondidos esperam por você!

Viva, pois, feliz e fora da caixinha!

DA TEORIA À PRÁTICA

Quais as principais diferenças que você tem notado em si mesmo desde que começou a crer na sua vida abundante? Redija-as a seguir, livremente — e, enquanto escreve, sinta em seu coração a profunda gratidão por cada uma dessas mudanças.

....
....
....
....
....

Pense em formas de celebrar conquistas, grandes ou pequenas, no presente. Registre-as nas linhas a seguir.

....
....
....
....
....

Pensando nas conquistas que já teve e nas que está buscando, com fé e dedicação, escreva como vai celebrá-las hoje mesmo. Ainda que seja uma pequenina mudança de hábito, você pode — e deve — celebrar e agradecer, alegrando-se e fazendo algo para celebrar a conquista. Você pode, por exemplo, reunir pessoas chegadas e compartilhar seus progressos com elas, ou, quem sabe, sair para um jantar especial de comemoração. Planeje o que pretende fazer nas próximas linhas.

....
....
....
....
....

Inspiração na tela

O filme *Nascido em 4 de julho* traz uma emocionante história inspirada em fatos reais. Com brilhante atuação de Tom Cruise, a obra cinematográfica explica muito bem, na prática, o que é o transtorno do estresse pós-traumático. No papel do veterano da Guerra do Vietnã Ron Kovic, Cruise interpreta um homem que se vê incapacitado fisicamente depois de ser ferido no conflito. Após um período de intensa revolta e ódio, por se sentir traído pelo país que defendeu, Kovic ressignifica sua dor e se tranforma em um ativista contra a guerra e a favor dos direitos humanos. A obra mostra, com arte e talento, a possibilidade de se transformar os piores traumas em alavanca para uma vida melhor, mediante o crescimento pós-traumático

QR CODE

Existe em você um lindo santuário divino. Eu quero convidá-lo a conhecê-lo pessoalmente! Então, por favor, acesse-o pelo QR Code e viva essa experiência de vida abundante, para fechar tudo o que vivenciamos juntos. Espero por você lá!

**Acreditamos
nos livros**

Este livro foi composto em Adobe Jenson Pro e impresso pela Geográfica para a Editora Planeta do Brasil em setembro de 2020.